VERBORGENES LOS ANGELES

Félicien Cassan und Darrow Carson

Umschlagfoto: Finn Skagn

JONGLEZ VERLAG

Reiseführer

Félicien Cassan ist ein französischer Journalist, der einige Jahre in Los Angeles gelebt hat. Er hat unter anderem für *Le Monde*, *L'Express*, *Slate* und *CANAL+* gearbeitet.

Der in Kalifornien geborene Darrow Carson ist als Kind zusammen mit seinem Vater quer durch die ganze Welt gereist. Als Erwachsener kehrte er in sein Heimatland zurück – nach vielen Jahren bei den Walt Disney Studios – und arbeitet nun als Reiseleiter. In diesem Buch lässt er Besucher wie Einheimische an seiner Leidenschaft für Los Angeles teilhaben – eine Stadt, die mit unzähligen verborgenen Schätzen aufwartet.

Die Arbeit an dem Reiseführer *Verborgenes Los Angeles* hat uns große Freude bereitet. Wir hoffen, dass wir Ihnen damit ungewöhnliche, verborgene oder eher unbekannte Winkel der Stadt näherbringen können. Manche Einträge sind mit historischen Anmerkungen oder Anekdoten versehen, die dabei helfen, die Stadt in ihrer Vielschichtigkeit zu verstehen. *Verborgenes Los Angeles* lenkt die Aufmerksamkeit der Reisenden auf die vielen kleinen Details, an denen wir Tag für Tag achtlos vorbeigehen. Wir laden Sie ein, sich mit offenen Augen durch die urbane Landschaft zu bewegen und dieser Stadt, wenn Sie hier leben, mit ebensoviel Neugier und Interesse zu begegnen, wie Sie das auf Reisen in fremden Städten tun ...

Über Anmerkungen zu diesem Reiseführer und seinem Inhalt sowie Informationen zu Orten, die darin nicht aufgeführt sind, freuen wir uns sehr. Wir bemühen uns, diese in künftigen Auflagen zu integrieren.

Kontaktieren Sie uns:

E-Mail: info@jonglezverlag.com
Jonglez Verlag
Danziger Straße 4
10435 Berlin

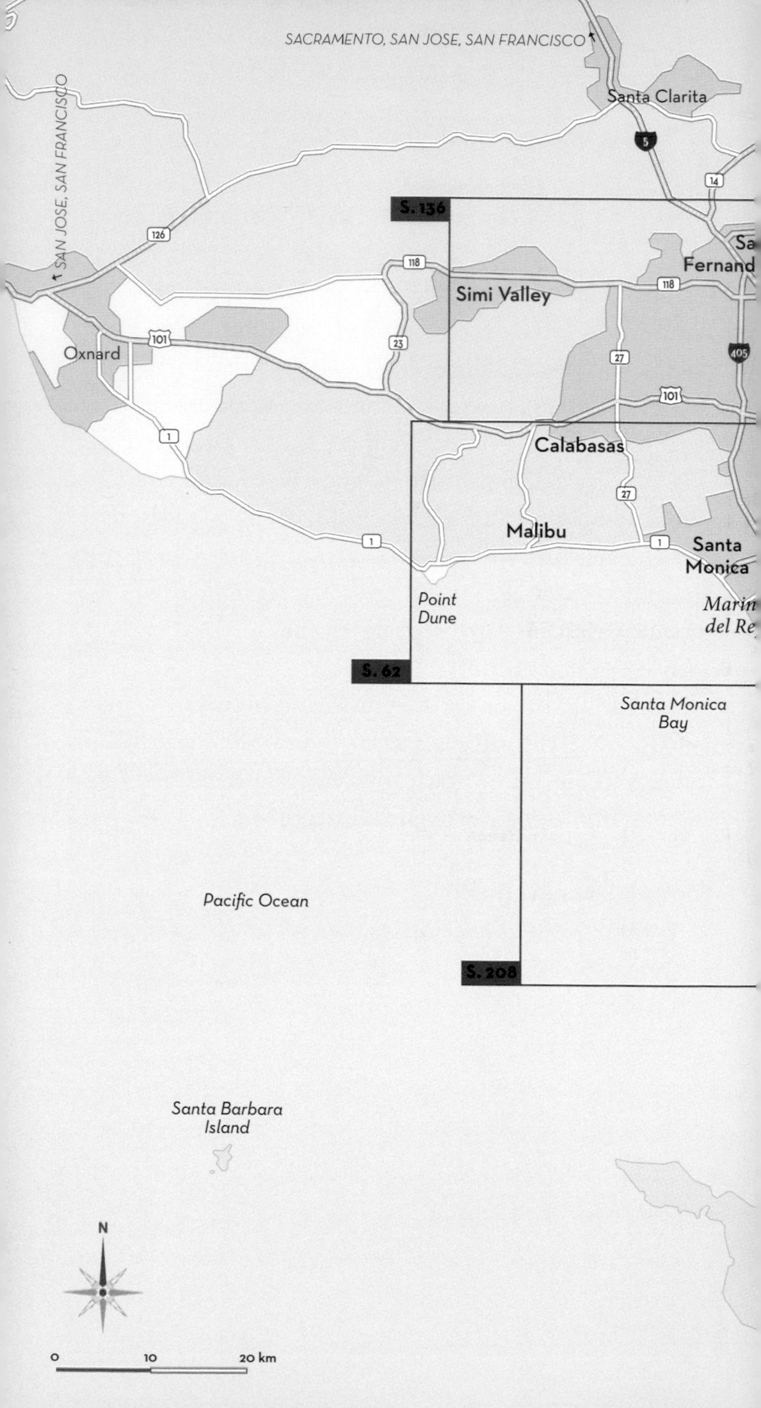

SACRAMENTO, SAN JOSE, SAN FRANCISCO
SAN JOSE, SAN FRANCISCO
Santa Clarita
5
14
S. 136
126
118
Sa
Fernand
Simi Valley
118
Oxnard
101
23
405
27
101
1
Calabasas
27
Malibu
1
1
Santa
Monica
Point
Dune
Marin
del Re
S. 62
Santa Monica
Bay
Pacific Ocean
S. 208
Santa Barbara
Island
N
0
10
20 km

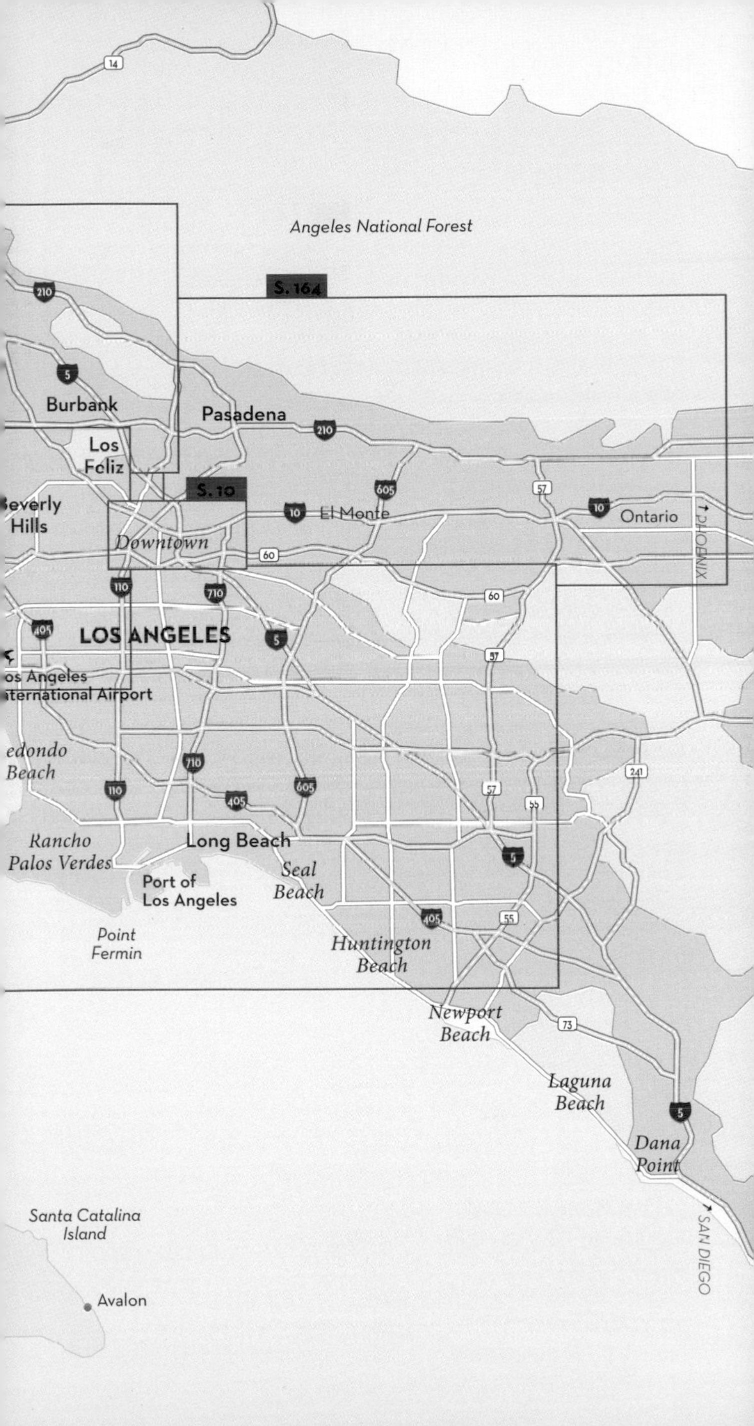

Angeles National Forest
S. 164
Burbank
Pasadena
Los
Feliz
S. 10
El Monte
Ontario
PHOENIX
everly
Hills
Downtown
LOS ANGELES
os Angeles
ternational Airport
edondo
Beach
Rancho
Palos Verdes
Long Beach
Seal
Beach
Port of
Los Angeles
Point
Fermin
Huntington
Beach
Newport
Beach
Laguna
Beach
Dana
Point
SAN DIEGO
Santa Catalina
Island
Avalon

INHALT

Downtown

Von Los Feliz bis Malibu

San Fernando Valley

INHALT

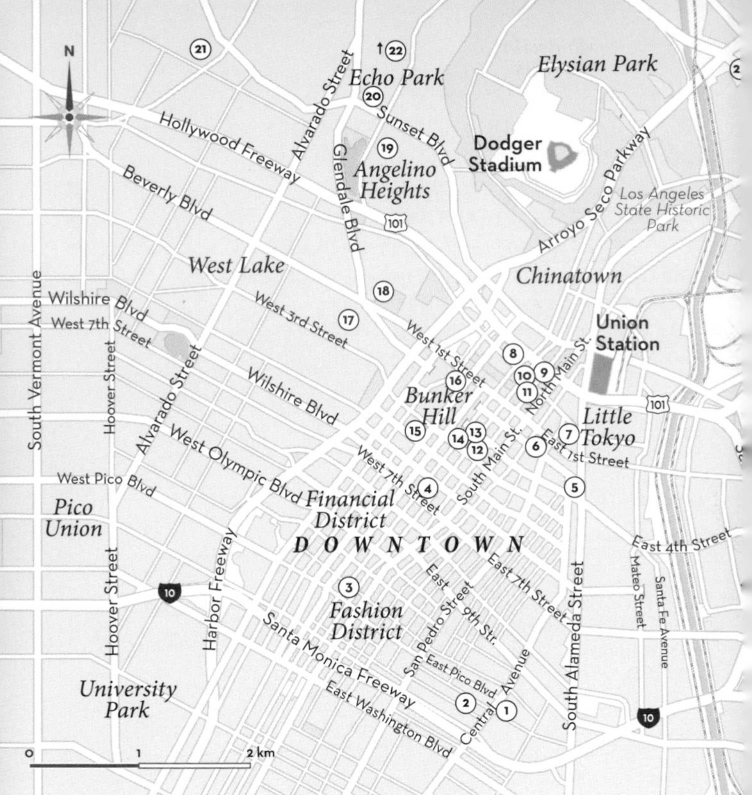
N
Echo Park
Elysian Park
Hollywood Freeway
Alvarado Street
Sunset Blvd
Dodger Stadium
Glendale Blvd
Angelino Heights
Beverly Blvd
Arroyo Seco Parkway
Los Angeles State Historic Park
West Lake
Chinatown
Wilshire Blvd
West 7th Street
West 3rd Street
West 1st Street
Union Station
North Main St.
South Vermont Avenue
Hoover Street
Alvarado Street
Wilshire Blvd
Bunker Hill
Little Tokyo
West Olympic Blvd
South Main St.
East 1st Street
West Pico Blvd
West 7th Street
Pico Union
Financial District
DOWNTOWN
East 4th Street
Harbor Freeway
East 9th Str.
East 7th Street
Mateo Street
Santa Fe Avenue
Hoover Street
Fashion District
San Pedro Street
South Alameda Street
Santa Monica Freeway
East Pico Blvd
Central Avenue
University Park
East Washington Blvd
0
1
2 km

Downtown

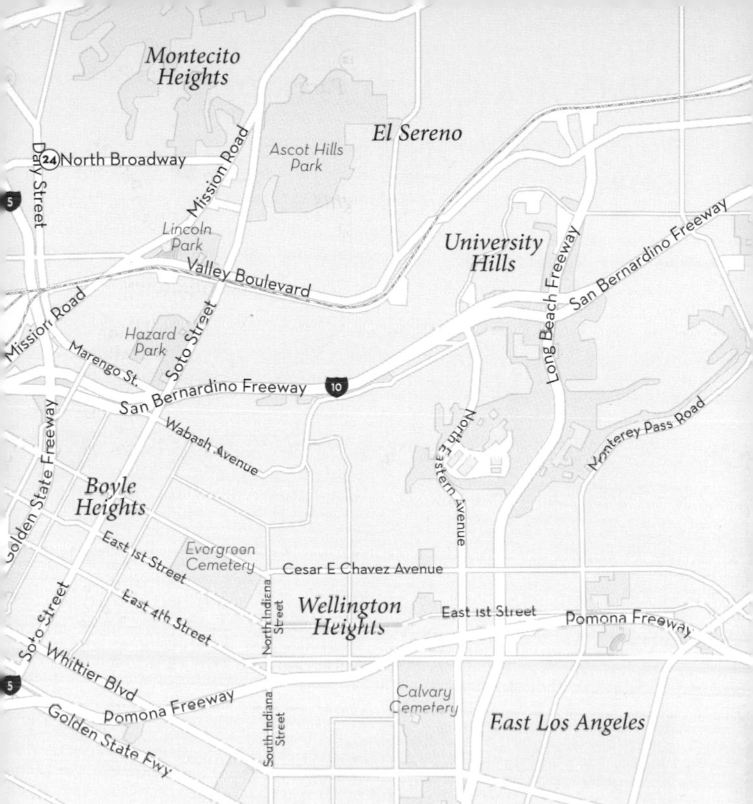
Montecito Heights
El Sereno
Ascot Hills Park
North Broadway
Daly Street
Mission Road
Lincoln Park
Valley Boulevard
University Hills
Long Beach Freeway
San Bernardino Freeway
Mission Road
Hazard Park
Soto Street
Marengo St.
San Bernardino Freeway
Wabash Avenue
North Eastern Avenue
Monterey Pass Road
Golden State Freeway
Boyle Heights
East 1st Street
Evergreen Cemetery
Cesar E Chavez Avenue
East 4th Street
North Indiana Street
Wellington Heights
East 1st Street
Pomona Freeway
Soto Street
Whittier Blvd
Pomona Freeway
Golden State Fwy
South Indiana Street
Calvary Cemetery
East Los Angeles

DER COCA-COLA-„DAMPFER" ①

Das Flaggschiff der Softdrinkmarke – wohlbehütet seit 1939

Coca Cola Building
1200–1334 South Central Avenue
Von der Straße aus sichtbar

Das vom amerikanischen Architekten Robert V. Derrah entworfene Coca Cola Building ist ein Glanzstück der Streamline-Moderne. Es wird so streng bewacht wie ein Bundesgefängnis und beherbergt eine noch in Betrieb befindliche Abfüllanlage. Das schräg gegenüber dem Museum der afroamerikanischen Feuerwehrleute (siehe nächste Seite) gelegene weiß-rot-schwarze Bauwerk ist seit 1939 das Flaggschiff der in Atlanta gegründeten berühmten Softdrinkmarke, die mehrere Gebäude in der ansonsten eher verlassenen Gegend besitzt. Bullaugen, Decks, Luken, Nieten, Schornstein – alle Elemente eines echten Dampfschiffs kennzeichnen dieses unerwartete architektonische Juwel, das Sie nur von der Straße aus sehen können. Letztere befindet sich in einem brachliegenden Industriegebiet, Touristen und Einheimische verirren sich nur selten hierher … Aber Achtung: Man darf dieses außergewöhnliche Gebäude nicht mit dem anderen „Coca Cola Building“ in Downtown Los Angeles verwechseln, und zwar mit dem ehemaligen kalifornischen Sitz der Firma, der in der 4th Street und der Traction Avenue im Arts District liegt und keinen besonderen Charme besitzt. Der Komplex wurde 2017 in ein Bürogebäude umgewandelt.

Crossroads of the World

Kann unter der Woche besichtigt werden (telefonische Voranmeldung unter +1 323-463-5611)

Ein weiteres Highlight aus Beton, das von einer Weltkugel überragt wird und dessen Adresse sich am Sunset Boulevard 6671 befindet, ist etwa zur gleichen Zeit wie das Coca Cola Building entstanden: Es wurde 1936 von demselben Architekten, Robert V. Derrah, entworfen. Das ebenfalls an ein Schiff erinnernde Gebäude galt damals als erstes Open-Air-Einkaufszentrum der USA und ist von einem „Dorf“ umgeben, das früher aus mehreren Geschäften bestand. Heutzutage gibt es dort zwar nur noch private Büros, trotzdem kann der Ort unter der Woche besichtigt werden. Von diesem kinotauglichen „Knotenpunkt der Welt“ gibt es sogar eine Nachbildung in Originalgröße – am Eingang von Disney World in Florida.

DAS MUSEUM DER AFROAMERIKANISCHEN FEUERWEHRLEUTE

②

Echte Helden, die lange diskriminiert wurden

African American Firefighter Museum, 1401 South Central Avenue
(+1) 213-744-1730 – aaffmuseum.org
Sonntag 13–16 Uhr
Es wird empfohlen, den Besuch vorher telefonisch anzukündigen
Freier Eintritt für bis zu zehn Personen; darüber hinaus wird ein Beitrag verlangt

Es geht um eine hübsche, grau gestrichene Feuerwache, die sich im Süden Downtowns, in einem verlassenen, nicht allzu einladenden Viertel befindet. An ihrer Fassade sind die Zeichnungen zweier Feuerwehrmänner zu sehen, die vor einer kleinen Wasserkanone aus dem Jahr 1912 Wache halten. Die besagten Feuerwehrleute sind in Wirklichkeit schwarz, und die Feuerwache war wegen der Rassentrennung von 1924 bis 1955 hierher verbannt worden.

Die Wache Nummer 30, die heute unter Denkmalschutz steht, wurde inzwischen zum Museum umgestaltet. Sie thematisiert den Aufstieg der afroamerikanischen Feuerwehrleute und berichtet sowohl von ihren Heldentaten als auch von ihrem Kampf gegen Diskriminierungen (die von physischer Ausgrenzung über die Zuweisung niederer Tätigkeiten bis hin zur Verhinderung von Beförderungen im Laufe ihrer Karriere reichten). Obwohl die hier ausgestellten Uniformen, Fahrzeuge und alten Objekte sehr interessant sind, so sind es vor allem die Geschichten und Fotos, die berühren und von einer finsteren Epoche zeugen.

Ein Beispiel: Die Wache 30, die sich ursprünglich in Westlake North befand, wurde 1924 hierher umgesiedelt – „fernab aller Blicke". Der Schulbezirk, der den Bau der Belmont High School plante, machte sich nämlich Sorgen um den Einfluss einer „schwarzen Autorität" auf die Schüler. Es sollte bis 1956 dauern, ehe die Feuerwachen 14 und 30 auf Betreiben von Arnett Hartsfield Jr. (einem 2014 verstorbenen Pionier) dem Los Angeles Fire Department (LAFD) angeschlossen wurden – trotz einiger Widerstände.

Bei seiner Eröffnung 1997 glaubte das Museum noch, einen hundertsten Jahrestag zu feiern, denn die Ankunft der ersten Schwarzen in den Reihen der Feuerwehr wurde damals auf 1897 datiert. Später stieß die Los Angeles Times dann aber auf die Existenz eines gewissen Sam Haskins, der in Wahrheit der erste afroamerikanische Feuerwehrmann der Stadt war (und dies schon seit 1888). Als einzige Einrichtung dieser Art in den USA würdigt das Museum auch die Verdienste der anderen schwarzen Feuerwehrleute im Land, insbesondere all jener, die am 11. September 2001 in New York im Einsatz waren.

Ein weiteres Feuerwehrmuseum

Das Los Angeles Fire Department besitzt ebenfalls ein eigenes Museum. Es liegt mitten in Hollywood (LAFD Museum), in der früheren Feuerwache Nummer 27. Es wird von ehemaligen Feuerwehrleuten betrieben, die hier nun ehrenamtlich als Museumsführer arbeiten. Dank der größeren Auswahl an Sammlerstücken bietet es einen umfassenden Einblick in den berühmten Feuerwehrdienst, verfügt jedoch nicht über den versteckten Charme der Feuerwache Nummer 30.

DAS MUSEUM DER HISTORISCHEN STRAẞENLATERNEN ③

Sie verliehen der Stadt einst ihren besonderen Glanz

Streetlight Museum, 1149 South Broadway
lalights.lacity.org/residents/museum.html
Das Museum ist an einem Tag im Monat geöffnet (Führungen 10–10.30 Uhr)
Besichtigungen nur nach Voranmeldung: E-Mail an bslmuseum@lacity.org unter Angabe Ihres Namens, Ihrer E-Mail-Adresse, Telefonnummer sowie des gewünschten Datums (die Tage, an denen das Museum geöffnet hat, finden Sie auf der Website)

Achtung, eine absolute Rarität! Eigentlich klingt es nicht sehr verlockend, ein Museum zu besuchen, das vom Department of Public Works betrieben wird. Doch dieser kleine Ausstellungsraum zeichnet auf schlichte Weise die Geschichte sehr wichtiger Objekte dieser Stadt nach – die der Straßenlaternen. Sie haben L.A. sein warmes, besonderes Licht verliehen, das am Abend zwischen Blassgrün und Orange changiert und dann des Nachts in jenes unverwechselbare Gelb übergeht. Dieses Licht wird von 200.000 Glühbirnen erzeugt, die in Laternenpfähle unterschiedlicher Stilrichtungen eingebettet sind. Sie haben Generationen von Cineasten inspiriert und Filmfans zum Träumen angeregt. Wir denken hier insbesondere an *Drive* von Nicolas Winding Refn, *Collateral* von Michael Mann, *Chinatown* von Roman Polanski und *Mulholland Drive – Straße der Finsternis* von David Lynch. Lauter Filme, in denen Autos und verirrte Seelen schier endlos die Straßen L.A.s fluten und sich in den Lichtteppichen dieser Stadt zu verlieren scheinen.

Obwohl das berühmte rosa-orange Licht dieser kinotauglichen alten Lampen zunehmend durch den hellen Schein von LED-Birnen ersetzt wird, findet man immer noch 400 verschiedene Arten von Straßenlaternen in Los Angeles – von kunstvollen Art-Déco-Leuchten bis zu ganz modernen Versionen, von Modellen, die sich an den Gaslampen vom Ende des 19. Jahrhunderts orientieren, bis hin zu Kitschkreationen der 1980er-Jahre ist alles dabei. Ohne viel Chichi bietet das Streetlight Museum einmal im Monat halbstündige Führungen an. Präsentiert wird hier eine Art Best-of dieser legendären Laternen, die man anschließend bei Streifzügen durch die Straßen wiedererkennen wird. Wer noch mehr zum Thema Licht erfahren möchte, sollte auch das Neon Museum in Glendale besuchen (siehe Seite 146).

Kleine lustige Skulpturen an Telefonmasten

2200 Palms Boulevard, Venice

Sollten Sie auf der Suche nach der perfekten Laterne (im Anschluss an den Besuch im obigen Museum) Gelegenheit haben, von Culver City nach Venice Beach zu fahren, dann nehmen Sie den Weg über den Palms Boulevard, wo Sie langsamer fahren und nach oben schauen sollten. Auf der Höhe von Hausnummer 2200 warten etwa ein Dutzend kleine, bunte Metallskulpturen auf Sie: eine Gitarre, ein Hahn, eine Glocke, ein Roboter mit Skateboard, Bienen etc. Lauter lustige Figuren, die die Besucher im Viertel mit netten Botschaften empfangen.

DIE FREIHEITSSTATUE: NACHBILDUNGEN UND HOMMAGEN ④

Mehr oder weniger getreue Kopien und ein ganzes Gebäude für die Lady Liberty

Lady Liberty Building: 843 Los Angeles Street, Downtown
Saint Vincent Court: zwischen Broadway und Hill Street, Haupteingang an der 7th Street, Downtown
LACMA: 5905 Wilshire Blvd., Stadtteil Mid-Wilshire

Auf der ganzen Welt würdigen Kopien und Nachbildungen der *Liberty Enlightening the World*, die besser unter dem Namen Freiheitsstatue (*Statue of Liberty*) bekannt ist, dieses Symbol des amerikanischen Multikulturalismus – und damit indirekt auch das Werk des französischen Bildhauers Auguste Bartholdi. Er schuf dieses Monument der Hoffnung, dessen inneres Gerüst von Gustave Eiffel entworfen wurde.

Von China bis Mexiko, von Japan bis Argentinien – es gibt nur wenige Länder, die nicht ihr Stückchen „Freiheit" erworben haben, auch wenn es nur selten die imposanten 93 Meter der Originalstatue erreicht, die ein Geschenk Frankreichs an die USA war und seit 1886 stolz auf der Liberty Island in New York thront (25 Millionen Besucher jedes Jahr). Laut der *Smithsonian Institution*, einer Forschungs- und Bildungseinrichtung, die die Museen in Washington, D.C. betreibt, soll Auguste Bartholdi durch eine Begegnung mit einer ägyptischen Bauersfrau während einer Reise zur Kreation der Lady Liberty angeregt worden sein.

Los Angeles bildet da keine Ausnahme und beherbergt seinerseits mindestens drei kleine Statuen, darunter eine Nachbildung, die der Künstler selbst angefertigt hat. Darüber hinaus gibt es hier auch eine komplette Hausfassade, die diesem Symbol gewidmet ist – das Lady Liberty Building. Die Fassade dieses 1914 errichteten Gebäudes wurde 1987 auf Wunsch der iranisch-amerikanischen Eigentümer mit einem riesigen, von Victor di Suvero und Judith Harper erschaffenen Mosaik versehen (der Titel des Werks lautet *Lady Liberty Facing West*).

Ein paar Blocks weiter heißt eine Kopie all jene Besucher willkommen, die nicht nur nach einem ruhigen Hafen suchen, sondern auch nach einem Ort namens Saint Vincent Court, an dem man zu Mittag essen kann. In der 7th Street, zwischen Broadway und Hill Street, biegen Sie nach rechts in eine Sackgasse ein. Die nach Einbruch der Dunkelheit ein wenig unheimlich wirkende Gasse (alles schließt hier um 18 Uhr) beherbergt tagsüber einige mediterran angehauchte Restaurants mit improvisierten Terrassen und kitschigen Trompe-l'Œil-Elementen – und dies auf dem Gelände der ersten Universität der Stadt: Saint Vincent. Die Statue auf der linken Seite des Eingangs kann man nicht verfehlen.

Die einzige Kopie im restlichen Teil Kaliforniens

Das Rathaus von El Monte, das 30 Kilometer östlich von L.A. liegt, kann sich damit brüsten, die einzige Kopie im ganzen restlichen Teil Kaliforniens zu besitzen. Sie ist neun Meter hoch, besteht aus Glasfaser und wacht wie ein Leuchtturm über den Eingang.

DIE CHIUNE-SUGIHARA-STATUE ⑤

Der kaum bekannte „Japanische Schindler“

192 S Central Ave – publicartinpublicplaces.info
Metro: B Line oder D Line, Haltestelle Union Station oder Pershing Square

Als der Zweite Weltkrieg in Europa ausbrach und Adolf Hitlers Naziregime nach und nach Tausende Juden in Konzentrations- und Vernichtungslager schickte, ging ein in Kaunas, Litauen, stationierter japanischer Vizekonsul dazu über, ab 1940 in Eigeninitiative Visa auszugeben. Auf diese Weise rettete er Tausende einheimische und polnische Bürger vor dem sicheren Tod – unter Missachtung der Anweisungen aus seinem Heimatland.

Der im Jahr 1900 in der Präfektur Gifu in Zentraljapan geborene

Diplomat Chiune „Sempo“ Sugihara war ein Jahr zuvor nach Nordeuropa gekommen. Im Rahmen einer japanisch-polnischen Zusammenarbeit sollte er dort unter anderem über deutsche und sowjetische Truppenbewegungen berichten.

Als die Gefahr für die jüdischen Familien immer offenkundiger wurde, begannen Chiune Sugihara und sein niederländischer Amtskollege Jan Zwartendijk, ihre jeweiligen Befehlsketten zu umgehen. Sie stellten handgeschriebene Dokumente aus, die es 6000 Juden erlaubten, mit dem Zug quer durch die Sowjetunion zu fahren (was ohne Visum nicht möglich gewesen wäre), um dann – nach einem zehntägigen Transitaufenthalt in Japan – in die niederländischen Kolonien Suriname und Curaçao weiterzureisen. Die Konsule verbrachten 18 bis 20 Stunden am Tag mit der Erstellung von Ausreisegenehmigungen und gaben täglich so viele Visa aus wie sonst in einem Monat – manchmal nur auf einem formlosen Blatt Papier, mit einem einfachen Stempel und einer Unterschrift versehen. All das war vollkommen illegal. Ihre Heldentat sollte Tausende Menschen den Klauen des Todes entreißen.

Die meisten Flüchtlinge reisten nach ihrem Zwischenstopp in Japan weiter nach China, Australien, Nord- und Südamerika, wo sie weit weg von den Nazis den Krieg überstanden. Im Jahr 1984 verlieh Israel Sugihara, dessen Widerstandsgeist natürlich seine Karriere beeinträchtigt hatte, den Ehrentitel „Gerechter unter den Völkern“ für seinen Mut und seine Selbstlosigkeit. Von seiner eigenen Regierung sollte er erst nach seinem Tod im Jahr 1986 Anerkennung erfahren.

Die Bronzestatue im Herzen Little Tokyos, die Chiune Sugiharas Akt reiner Güte preist, ist ebenso schlicht wie sein Leben großartig war. Sie wurde 2002 von einem seiner Söhne eingeweiht und zeigt den Konsul auf einer Bank sitzend. Es sieht so aus, als würde er jemandem ein Dokument überreichen. Eine Gedenktafel auf einem Stein klärt interessierte Besucher über die Hintergründe der Heldentat dieses „Japanischen Oskar Schindlers“ auf. Die Statue steht eingezwängt zwischen einem Starbucks Café und einem Parkplatz, schräg gegenüber des Einkaufszentrums Japanese Village Plaza, und man kann sie leicht übersehen, wenn man sich auf der Straßenseite des Village-Eingangs befindet. Bevor Sie das traditionelle „Dorf“ betreten, sollten Sie erst noch die South Central Avenue überqueren, um das Andenken dieses kaum bekannten „Gerechten“ zu ehren.

DER JAPANISCHE GARTEN DES *HILTON-HOTELS* ⑥

Ein wenig bekannter Garten auf dem Dach eines Parkhauses

Die Kyoto Gardens im DoubleTree by Hilton
120 S Los Angeles St
(+1) 213-629-1200 – hilton.com/en/doubletree
Ganzjährig geöffnet (mitunter bei privaten Veranstaltungen geschlossen)
Metro: B Line oder D Line, Haltestelle Civic Center/Grand Park Station

In Los Angeles gibt es viele Grünflächen, botanische Gärten und andere öffentliche und private Parks, die die Vielfalt der Kulturen widerspiegeln. Auch an japanischen Gärten herrscht kein Mangel. Von den üppigen Gärten der Huntington Library (in San Marino, in der Nähe von Pasadena) über die Kaskaden des South Coast Botanic Garden (Palos-Verdes-Halbinsel) und die Magie der Descanso-Gärten (in La Cañada Flintridge) bis hin zur dezenten Eleganz des Earl Burns Miller Japanese Garden (auf dem Campus der Cal State University in Long Beach) – Zen ist hier allgegenwärtig. An manchen Orten kann man auch die Schönheit der Teezeremonie, die Architektur traditioneller Häuser und sogar Trockengärten bewundern, die aus Felsen, Kieselsteinen und Moos auf sandigem Untergrund bestehen und akkurat gepflegt werden.

Das *Hilton-Hotel*, das in der Nähe von Little Tokyo, der wichtigsten japanischen Enklave L.A.s, liegt, ist nicht gerade ein Hingucker. Versteckt hinter seiner Eingangshalle im westlichen Stil, auf dem Dach des Parkhauses zwischen Wohnblocks und dem reizlosen Turm des Hotels, befindet sich dann jedoch völlig unerwartet dieses Juwel von einem Garten.

Die Kyoto Gardens, denen die Hektik der City und die heulenden Sirenen nichts anzuhaben scheinen, stehen grundsätzlich allen Besuchern offen. Für gewöhnlich sind sie aber den Hotelgästen oder frischvermählten Paaren vorbehalten, die nach einem romantischen Rahmen suchen (neben anderen privaten Festivitäten).

Bach und Wasserfall bilden einen wunderbaren Kontrast zum alternden Gebäude, der Teich lockt zum Verweilen, ein Torbogen wartet auf die Verliebten und der Blick auf die Dächer von Downtown ist einfach sensationell. Ein echtes Schmuckstück.

Bei den Kyoto Gardens handelt es sich um die Nachbildung eines alten Tokioter Gartens aus dem 16. Jahrhundert, der zu Ehren eines Samurais namens Kato Kiyomasa errichtet worden war. Hier können Sie wunderbar einen Zwischenstopp einlegen, bevor Sie sich weiter südlich ins eigentliche Japan-Viertel begeben – wo bunte Geschäfte und laute Restaurants um die Gunst der Touristen buhlen.

DER AOYAMA-BAUM ⑦

100 Jahre Freud und Leid der japanischen Community

152 North Central Avenue
Metro: B Line oder D Line, Haltestelle Union Station

Im Stadtteil Little Tokyo, direkt neben dem Museum The Geffen Contemporary at MOCA, steht der über hundert Jahre alte Feigenbaum „Aoyama", der 2008 zum Historic-Cultural Monument erklärt wurde (Nr. 920, um genau zu sein). Dieser fast 20 Meter hohe Riese thronte zu Beginn seines Baumlebens am Eingang eines der ältesten buddhistischen Tempel in Los Angeles – Koyasan Daishi Mission. Letzterer befindet sich nun einen Block weiter und wurde ab 1909 von Reverend Shutai Aoyama, einem Farmer, geleitet.

Diese Großblättrige Feige (*Ficus macrophylla*), die 1912 gepflanzt wurde, hat vor Kurzem erst den Bau eines Parkplatzes überstanden – dank des Einsatzes der Little Tokyo Historical Society, die bei der Denkmalschutzbehörde (*Cultural Heritage Commission*) Gehör gefunden hat. Doch dies war bei Weitem nicht die einzige schicksalhafte Wende, die dem Baum widerfahren ist.

Tragischerweise setzten die 1941 von der amerikanischen Regierung beschlossenen Internierungsmaßnahmen, denen sich die japanische Community nach dem Angriff auf Pearl Harbor ausgesetzt sah, dem Tempelleben ein jähes Ende. Die Geschichte dieser schrecklichen Epoche kann man nur wenige Schritte vom Feigenbaum entfernt im auf der Esplanade gelegenen Japanese American National Museum nachlesen – sowie im kalifornischen Internierungslager Manzanar, einer nationalen historischen Gedenkstätte, die an der Route 395, zwischen den Nationalparks Sequoia und Death Valley liegt.

In den 1950er-Jahren, nachdem ihre Wunden einigermaßen verheilt waren, konnten die Japaner in Los Angeles ihren Einfluss und ihre Kultur von Neuem ausbauen: Dazu eröffneten sie im Tempel eine Schule, die der mächtige Feigenbaum aufblühen sah – im Schutze von Little Tokyo. Als Symbol für die Ängste und Hoffnungen der Japano-Amerikaner in L.A. hat dieser Baum schon „alle möglichen Arten von Prüfungen überstanden", wie es Ken Bernstein, der Leiter der Denkmalschutzbehörde, gegenüber der *Los Angeles Times* formulierte – anlässlich der Zeremonie, die dem Aoyama-Feigenbaum endlich den gebührenden Schutz gewährte, der seiner Bedeutung angemessen ist.

DER FIGURENGARTEN DER KATHEDRALE „OUR LADY OF THE ANGELS“ ⑧

Eine Arche Noah für Kinder

555 W. Temple Street
(+1) 213-680-5200
olacathedral.org
Montag bis Freitag 6.30–18 Uhr, Samstag 9–18 Uhr und Sonntag 7–18 Uhr
Aktuelle Gottesdienstzeiten auf der Website
Eintritt frei
Metro: B Line und D Line, Haltestelle Union Station

Über die kantigen, asymmetrischen Formen der 2002 eingeweihten Kathedrale „Our Lady of the Angels" ist seit ihrem Bau schon viel Tinte vergossen worden (siehe unten). Doch auch der angrenzende Garten aus Olivenbäumen ist einen Abstecher wert. Ihn zieren Spielgeräte in Form von Tierfiguren, die eine Art Prozession bilden.

Die auf einem Stahlgerüst errichteten Betonskulpturen muten wie Bronze an und stellen Bibelfiguren dar, auf denen sich die jungen Besucher vergnügen können.

Ein Esel, ein Affe, ein Fisch, ein Bienenstock, ein Kamel, ein Löwe – lauter Anspielungen auf die Arche Noah und bestimmte Kapitel im 1. Buch Mose. Auf dem Boden führen Bibelstellen die Besucher durch dieses märchenhafte Labyrinth, dessen Wirkung noch durch die Präsenz der imposanten Kathedrale verstärkt wird.

Mehr als 6.000 m², 68.000 Tonnen schwer und so hoch wie ein elfstöckiges Gebäude: Die Dimensionen der Kathedrale in Los Angeles sind wirklich beeindruckend.
Das vom spanischen Architekten Rafael Monco entworfene postmoderne Bauwerk ersetzte die Kathedrale St. Vibiana, die 1994 beim Northridge-Erdbeben beschädigt worden war. Die Kirche, die als wichtigstes Gotteshaus für die Katholiken in der Stadt gilt, steht auf Gummipuffern, die seismische Erschütterungen absorbieren können.
Über dem Hauptportal heißt die von Robert Graham geschaffene monumentale Skulptur „Our Lady of the Angels" (der ursprüngliche Name der Stadt lautete *El Pueblo de Nuestra Señora la Reina de los Ángeles del Río Porciúncula*, d. h. „Das Dorf Unserer Lieben Frau, Königin der Engel des Flusses Porciuncula") die Besucher willkommen.
Im Innenraum der Kirche fällt spektakuläres Licht durch seitliche Alabasterfenster, das die vorherrschenden Beige-Töne zum Strahlen bringt. Zwanzig Wandteppiche, die an italienische Fresken erinnern, setzen dezente farbliche Kontrastpunkte. Die Kathedrale, die bis zu ihrer Fertigstellung umstritten war, ist heute eines der Highlights bei der Modernisierung von Downtown L.A.

ABRAHAM-LINCOLN-STATUE MIT NACKTEM OBERKÖRPER ⑨

Wenn der 16. amerikanische Präsident einen auf Model macht

„Young Lincoln“
United States Courthouse, 350 West 1st Street
(+1) 213-894-1565 – cacd.uscourts.gov/locations/first-street-courthouse
Gebäude Montag bis Freitag 7–18 Uhr geöffnet

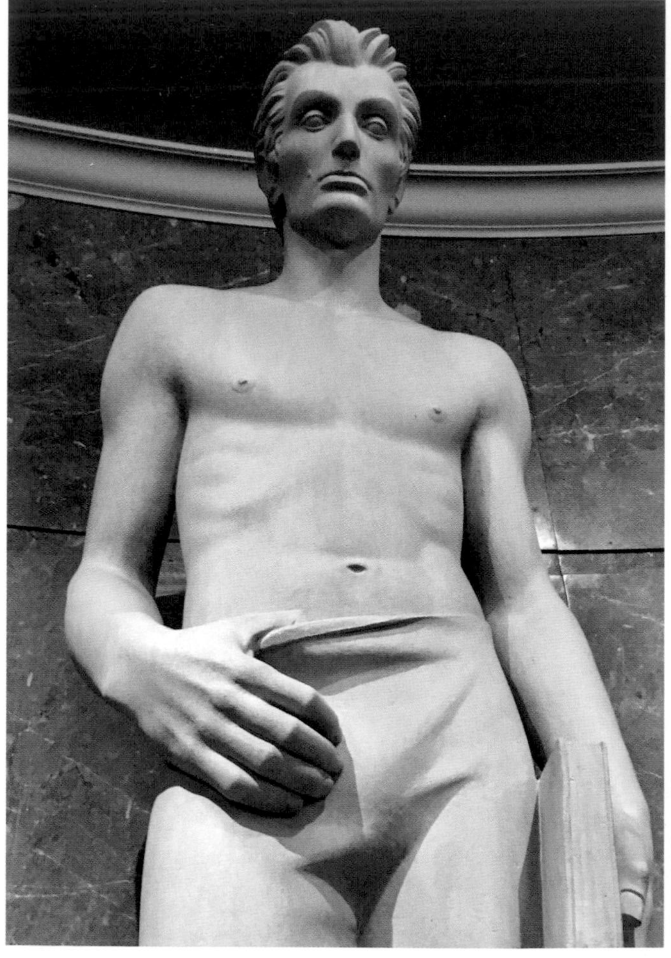

„Moderne“ Statuen, die große Staatsmänner der Vergangenheit darstellen, können feierlich, beeindruckend oder anrührend sein, doch sie erweisen sich nur sehr selten als … sexy. Das ist ja auch nicht ihre Aufgabe. Diese 1941 im Bundesgericht von Los Angeles aufgestellte markante, muskelbepackte Skulptur Abraham Lincolns, der mit der Hand am Hosenbund wie ein selbstbewusstes junges Männermodel dasteht, ist also eine echte Überraschung.

James Lee Hansen, ein Kunststudent an der Universität von Fresno, war erst 23 Jahre alt, als er 1939 einen von der Regierung initiierten Skulpturenwettbewerb gewann. Wider Erwarten wurde sein künstlerisch gewagter *Young Lincoln* zur damaligen Zeit begeistert aufgenommen, insbesondere vom *Time Magazine*, das seine Statue als „die größte ‚Erfolgsstory‘ der modernen Bildhauerei“ beschrieb. „Aus bildhauerischer Sicht ist es in der Tat besser, den Körper ohne Kleidung darzustellen. Deshalb habe ich sie weggelassen“, begründete Hansen damals seine ungewöhnliche Wahl. Da Fotos von Lincoln einen eher hageren (wenn auch – mit 1,93 Metern – sehr großen) Präsidenten zeigen, hatte der Künstler einfach seinen eigenen Körper nachgebildet, ehe er den Kopf von „Abe“ hinzufügte. Eine weise Entscheidung!

Nach einem kurzen Hype in den sozialen Medien 2019 hat das Werk, das nun durch den Zerrspiegel der kalifornischen Gegenwart (Surfsport, Calvin-Klein-Models, das Magazin *Sports Illustrated* …) wahrgenommen wird, einen neuen Spitznamen bekommen: „Hot Lincoln“. Es ist jedoch alles andere als neu, muskulöse Unterarme und offene Hemden aufzubieten, um die moralische Strenge und harte Arbeit von Staatsführern abzubilden. Dafür müssen Sie aber nicht das antike Griechenland bemühen, wo Darstellungen dieser Art üblich waren, sondern können unter anderem in Washington D.C. einen George Washington mit nacktem Oberkörper bewundern, den Horatio Greenough 1840 in Marmor gehauen hat. Es wird Sie nicht überraschen, dass er damit einen Skandal ausgelöst hat. Wohl um diese symbolisch überhöhte Männlichkeit zu relativieren, hält die Abraham-Lincoln-Statue auch noch ein dickes Buch in den Händen. Die Ehre der Nation ist gerettet.

Zwei weitere „Young Lincoln“-Skulpturen

Wenn es um die Darstellung eines „kräftigen“ Präsidenten geht, der das Volk lenkt, scheint Lincolns Körper die Künstler des 20. Jahrhunderts am meisten inspiriert zu haben. In Edgewater und New Salem in Illinois zeigen zwei weitere „Young Lincoln“-Skulpturen – die eine wurde 1945 von Charles Keck gestaltet, die andere 1954 von Avard Fairbanks – einen muskulösen Lincoln mit hochgekrempelten Hemdsärmeln und wehendem Haar – und vor allem ohne Bart.

DAS TRIFORIUM 

Eine experimentelle Kunstinstallation, die traurige Berühmtheit erlangt hat

Fletcher Bowron Square
An der Kreuzung Temple Street und Main Street

Im Schatten der City Hall, am oberen Ende der gespenstischen Alleen der Los Angeles Mall, stehen die Überreste des *Triforiums*, einer 1975 vom amerikanischen Künstler Joseph Young geschaffenen experimentellen Kunstinstallation.

Youngs sechsstöckige, 60 Tonnen schwere visionäre „polyphonoptische" Skulptur war damals eine außergewöhnliche Kombination aus Technologie und öffentlicher Kunst – und ein furchtbarer Reinfall, der die Steuerzahler 1975 die Kleinigkeit von einer Million Dollar gekostet hat und seitdem in einem Zustand fortschreitenden Verfalls vor sich hin vegetiert.

Um die kaleidoskopische Natur der Stadt darzustellen, hatte Young einen Vintage-Computer entworfen, dessen Sensoren die Bewegungen von Passanten in psychedelische Licht- und Tonmuster übersetzen würden. Die fertige Installation sollte aus 1494 mundgeblasenen venezianischen Glasprismen und Glühbirnen bestehen, die mit einem 79 Töne umfassenden riesigen Glasglockenspiel (dem größten auf der Welt) verbunden waren. Letzteres war so programmiert, dass es „absolut alles" spielen konnte – „von Beethoven bis zu den Bee Gees".

Die Einweihung des Triforiums am 12. Dezember 1975 durch Bürgermeister Tom Bradley verzögerte sich wegen eines Stromproblems um eine halbe Stunde – der erste Zwischenfall in einer langen Reihe von Pannen.

Obwohl Young sein Meisterwerk als „Rosetta Stone of art and technology" betrachtete, stand das Urteil der Öffentlichkeit bereits fest, bevor sie das Triforium überhaupt gesehen hatte. Von Anfang an wurde die Installation von der Presse und dem Stadtrat verrissen und mit Spitznamen wie „psychedelische Jukebox", „kinetische Kitschskulptur" und „Drei Gabelbeine auf der Suche nach einem Truthahn" versehen.

Das Glockenspiel ist nicht mehr da, die meisten Glühbirnen sind durchgebrannt und trotz einiger Reparaturen hier und da ist das, was einst die künstlerischen, gesellschaftlichen und technologischen Ambitionen L.A.s vereinen sollte, heute nichts weiter als ein riesiger Taubenschlag.

Erinnern wir uns noch einmal an die Worte des Bürgermeisters: „Dieses Kunstwerk gehört uns nun, und wir werden damit leben müssen. Ja mehr noch: Wir werden lernen müssen, stolz darauf zu sein."

DIE GALERIE DER BÜRGERMEISTER

(11)

Die großen Männer aus der 26. Etage

Los Angeles City Hall
200 N Spring St
(+1) 213-473-3231
lacity.gov
Montag bis Freitag 8–17 Uhr
Metro: B Line oder D Line, Haltestelle Civic Center/Grand Park Station

Die Bürgermeister in Los Angeles sind nicht leicht zu erreichen. Das Gebäude der City Hall (Rathaus), das sich logischerweise in Downtown befindet, ist allein schon imposant genug. Doch dann muss man auch noch nach oben in den hohen Turm steigen, wenn man die Stadtväter der Vergangenheit würdigen möchte. 26 Stockwerke gilt es zu erklimmen, einige davon zu Fuß. Danach noch durch die majestätische Eingangskuppel hindurch, und da erwartet sie einen dann: die ehrwürdige Galerie, die einen neuen, einzigartigen Blick auf die Stadt ermöglicht – und die, auch wenn sie ganz stumm ist, doch sehr viel über die Geschichte L.A.s zu erzählen hat.Was dem Besucher als Erstes auffällt, ist die demografische Entwicklung Kaliforniens. Von Alpheus P. Hodges (1850) bis Sam Yorti (1961) folgte ein weißer Bürgermeister auf den nächsten, als wenn sie einer WASP-Dynastie angehörten – bevor schließlich Tom Bradley, der erste schwarze Bürgermeister und Enkel texanischer Sklaven, 1973 die Wahl gewann. Seine Amtszeit, die nach wie vor die längste in der Geschichte der Stadt ist, sollte 20 Jahre dauern und kurz nach den Unruhen von 1992 enden. Eine Bronzestatue mit seiner Büste schmückt im Übrigen den Eingang des nach ihm benannten neuen internationalen Terminals am Flughafen LAX. Bradley ebnete auch Männern lateinamerikanischer Abstammung den Weg ins Rathaus (Antonio Villaraigosa im Jahr 2005 und Eric Garcetti 2013) – passend zur Bevölkerung von Los Angeles, die heute eine große spanischsprachige Community (47 %) aufweist. Karen Bass, die am 11. Dezember 2022 die Nachfolge des Demokraten Eric Garcetti angetreten hat, steht für einen neuen Durchbruch: Sie ist die erste Frau an der Spitze der Stadt, bald wird auch ihr Porträt die Galerie schmücken.

Das höchste Gebäude der Welt mit seismischer Isolierung

Die Aussichtsplattform, die sich in der 27. Etage und demgemäß in schwindelerregender Höhe befindet, bietet einen informativen Panoramablick auf die wichtigsten Sehenswürdigkeiten der Stadt. Aber selbst so weit oben brauchen Sie keine Angst zu haben: Das Rathaus von Los Angeles ist das höchste Bauwerk der Welt mit seismischer Isolation. Dieser Fachbegriff aus dem Ingenieurwesen bedeutet, dass seine seitliche Flexibilität sehr wichtig ist: Im Klartext heißt dies, dass es kaum schwankt und mögliche Erschütterungen abfedern kann, selbst bei einem größeren Erdbeben. So können Sie die Aussicht und die Bürgermeister-Galerie jederzeit voll und ganz genießen.

CITY OF LOS ANGELES
FOUNDED 1781

COUNTY OF LOS ANGELES
CALIFORNIA

Die Symbolik des Stadtwappens

Es ist allgegenwärtig – und dennoch in den Augen von Touristen und Einwohnern so gut wie unsichtbar. Sein spielerisches Rätsel findet sich an öffentlichen Gebäuden wie der Stadtverwaltung, auf einigen Flaggen und sogar auf Geschenkartikeln, die man in zahlreichen Geschäften in der ganzen Stadt kaufen kann. Es zeigt einen guten Überblick über die Geschichte von L.A., denn die Version von 1905, die immer noch aktuell ist, bildet sowohl die spanische Besetzung und die Eroberung durch die Mexikaner ab als auch die entstehende Republik Mitte des 19. Jahrhunderts.

Löwe und Kastell stammen nämlich vom Wappen des Königsreichs Spanien, das Kalifornien von 1542 bis 1821 regiert hatte. Der Adler, der eine Schlange im Schnabel hält und auf einem Kaktus thront, ist das Wappenbild von Mexiko, das hier von 1822 bis ins Jahr 1846 herrschte, als die Republik Kalifornien ausgerufen wurde (deren Symbol der berühmte Bär auf der rot-weißen Flagge ist). Die Streifen und Sterne sind natürlich ein direkter Verweis auf die Vereinigten Staaten, in die Kalifornien am 9. September 1850 aufgenommen wurde. Oliven, Trauben und Orangen erinnern an die hiesige Landwirtschaft, während der Rosenkranz, der die Früchte umgibt, eine Hommage an die Missionsstationen ist, die der spanische Franziskanerpriester Junipero Serra – der als geistiger Vater des Bundesstaates gilt – von 1769 (in San Diego) bis zu seinem Tode im Jahr 1784 gründete. Eine frühere Version, die von 1854 bis 1905 verwendet wurde, war deutlich schlichter gehalten: Darauf waren bloß Weintrauben abgebildet, die von der Aufschrift „Corporation of the city of Los Angeles" eingerahmt wurden.

Das Wappen des Countys hingegen, dessen jüngste Fassung aus dem Jahr 2014 stammt, rückt die Ureinwohner Amerikas in den Mittelpunkt – denn darauf ist eine indigene Frau zu sehen, die zwischen Ozean und Bergen schwebt und von sechs Motiven umgeben ist: einem Dreieck samt Zirkel, einer spanischen Galeone, einem Thunfisch, der Hollywood Bowl mit zwei Sternen darüber, der Mission San Gabriel Arcángel sowie einer Kuh. Jedes dieser Motive steht für eine Spezialität oder ein historisches Ereignis.

BIDDY MASON MEMORIAL PARK ⑫

Von der Sklavin zur Millionärin

333 S Spring St – Metro: B Line und D Line, Haltestelle Pershing Square

Inmitten der Wolkenkratzer von Downtown, in einem fast verlassenen, abseits gelegenen Winkel zwischen einem italienischen Restaurant und einem Durchgang zu einigen Geschäften zeugen schlichte Artefakte an einer Mauerecke von einer vergangenen Zeit und einem außergewöhnlichen Leben. Ein Schwarz-Weiß-Foto von einer Hausfassade und die alten Fensterläden eines nachgebildeten Fensters sind in diesem modernen Wald aus Beton und Glas, an dem alle viel zu schnell vorbeilaufen, sehr ungewöhnlich. Man könnte sie glatt übersehen, wenn da nicht auf der anderen Seite des Weges diese 25 Meter lange schwarze Betonwand mit Marmorelementen und eingemeißelten Motiven wäre.

Zwischen diesen beiden Stellen befand sich einst das Haus von Bridget

„Biddy" Mason, die 1818 in Georgia in die Sklaverei geboren wurde. Als ihre Besitzer, das Ehepaar Smith, zum Mormonentum konvertierten, verlegten sie ihre Farm 1851 von Mississippi nach San Bernardino – was einen über 3000 Kilometer langen Fußmarsch bedeutete und sie zwischenzeitlich auch nach Utah führte. Zu diesem Zeitpunkt war die Sklaverei in Kalifornien bereits abgeschafft, doch Robert Smith, der so tat, als wüsste er nichts davon, widersetzte sich Biddys Freilassung. Er wollte mit seinen Sklaven nach Texas weiterziehen, um das hiesige Gesetz zu umgehen, doch sein Plan wurde vereitelt. Mithilfe eines Bundesrichters und in nichtöffentlicher Sitzung (damals durften Schwarze vor Gericht nicht gegen Weiße aussagen) erkämpfte Biddy Mason 1856 die Freiheit für sich und 13 weitere Sklaven.

Sobald sie frei war, fing „Tante" Mason, wie sie liebevoll genannt wurde, als Krankenschwester an und arbeitete danach als Hebamme, bevor sie die erste schwarze Methodisten-Episkopalkirche (African Methodist Episcopal Church) und eine Schule für Afroamerikaner gründete. Der ihr gewidmete Park und die Installation, die von Sheila Levrant de Bretteville entworfen wurden, sind ein bewegender Sprung in die Vergangenheit. Anhand kurzer informativer Texte erzählen sie die unglaubliche Geschichte dieser einzigartigen Frau – und zwar genau an jenem Ort, an dem ihr erstes, längst abgerissenes Haus stand und an dem ihr Leben eine heroische Wendung nahm. Nachdem sie zehn Jahre lang gespart hatte, konnte die ehemalige Sklavin dieses Grundstück kaufen und wurde so zur ersten schwarzen Grundbesitzerin von Los Angeles. 1884 verkaufte sie einen Teil des Terrains, auf dem ein Geschäftsgebäude errichtet wurde. Biddy Mason schaffte es, 300.000 Dollar (nach heutigen Maßstäben 6 Millionen Dollar) anzuhäufen, und sie spendete ihr Vermögen an mehrere Wohltätigkeitsorganisationen. Bis zu ihrem Tod am 15. Januar 1891 war sie unermüdlich für die schwarze und weiße Community im Einsatz. Sie liegt fünf Kilometer weiter östlich auf dem Evergreen-Friedhof in Boyle Heights begraben.

VERGESSENE DETAILS AN DER FASSADE DES MILLION DOLLAR THEATRE

⑬

Wenn Wasser und Film aufeinandertreffen

307 South Broadway
(+1) 213-617-3600
Metro: B Line und D Line, Haltestelle Pershing Square

Auf dem Höhepunkt von Hollywoods Goldenem Zeitalter gab es in Downtown L.A. mehr als 300 Theater, darunter allein 22 auf dem South Broadway. Das Million Dollar Theatre (das seinen Namen der Geldsumme verdankt, die der Unternehmer und Schauspieler Sid Grauman für dessen Bau bereitstellte) trägt die Hausnummer 307. Abgesehen von den Anzeigetafeln mit den Namen der Filme und Theaterstücke unterschieden sich die Fassaden der Kino- und Theatergebäude in der Regel nicht sonderlich von denen benachbarter Häuser. Hier jedoch zeugt die gesamte Vorderfront von einer mythologischen Geschichte – sowie von einer echten Passion, die sich um diese zwei Elemente zu drehen scheint: das Wasser und die Filmkunst. Warum wirkt es so, als würden die Skulpturen auf den Gesimsen Flüssigkeit vom Dach gießen? Was bedeuten die Wasserläufe, die aus der Wölbung über dem Eingang zu sprudeln scheinen? Wer sind die Leute, die im zweiten Stockwerk tanzen und agieren? Bei seiner Eröffnung 1918 beherbergte das Gebäude ursprünglich die Büroräume von Water Works and Supply, der für die Wasserproduktion und -verteilung in Los Angeles zuständigen städtischen Behörde. Deren Chefingenieur, der berühmte William Mulholland, galt überall als Retter der Stadt, denn ohne seinen Einsatz wäre sie verdurstet. Die Skulpturen würdigen seine Verdienste, indem sie symbolisch Wasser die Fassade entlangfließen lassen – mit dem Segen der Meeresgöttin Tethys, deren Wandrelief auf das Büro des besagten Mulholland blickt. Doch das Million Dollar Theatre zollt nicht allein der Mythologie Tribut, sondern erweist auch dem Kino seine Reverenz: Sid Grauman wollte vor allem, dass Schauspielerinnen und Schauspieler gewürdigt werden und das Publikum im wahrsten Sinne des Wortes zu ihnen aufschauen muss – und das zu einer Zeit, als der Darstellerberuf noch einen sehr schlechten Ruf hatte. Wenn Sie also genau hinsehen, dann werden Sie im zweiten Stock Figuren erkennen, die die verschiedenen Berufe der Filmindustrie darstellen: Tänzer, Musiker, Techniker, Drehbuchautoren, Schauspieler, Künstler …

Der erste rote Teppich der Geschichte

Grauman war auch der Erste, der die Idee hatte, bei Filmpremieren einen roten Teppich auszurollen – eine Ehre, die vorher nur Mitgliedern von Königshäusern vorbehalten war. Ironie des Schicksals: Schon kurz nach seiner Eröffnung zeigte das Million Dollar Theatre keine Filme mehr, sondern hieß stattdessen Musiker willkommen.

DIE BUCHSTABEN „BPOE“ AUF DEM TORBOGEN DER ANGELS-FLIGHT-STANDSEILBAHN

14

Das Territorium geheimnisvoller Elche

350 South Grand Avenue
(+1) 213-626-1901
angelsflight.org
Metro: B Line und D Line, Haltestelle Pershing Square

Seit ihrer Wiedereröffnung im August 2017 – nach einigen Pannen und Zwischenfällen (die dank des Erfolgs des Musicals *La La Land* im Jahr 2016 ein wenig in Vergessenheit geraten sind) – verzeichnet die kleinste Seilbahn der Welt einen phänomenalen Erfolg. Doch von der rätselhaften Inschrift nehmen die meisten Passagiere der orangenen Standseilbahn, die seit 1901 am Bunker Hill verkehrt, trotzdem keine Notiz.

Auf dem berühmten, kunstvoll verzierten Torbogen über dem Eingang der Seilbahn an der Hill Street, gegenüber des Grand Central Market, sind nämlich die vier Buchstaben „BPOE" eingraviert. Werfen Sie vor dem Einsteigen einfach einen Blick nach oben, dann werden Sie sie sehen.

Zu einer Zeit, als Sinai und Olivet (so die Namen der beiden Standseilwagen) noch weniger von Touristen, sondern hauptsächlich von den Bewohnern dieses wohlhabenden Viertels genutzt wurden, die sich nach downtown (in die Unterstadt) begeben wollten, ließ der private Betreiber James Ward Eddy diese geheimnisvollen Buchstaben eingravieren. Sie waren zu Ehren einer speziellen Gruppe gedacht, die sich 1909 zu einer Tagung auf dem Hügel versammelt hatte: der *„Benevolent and Protective Order of Elks" (BPOE)*, der *„wohltätige und beschützende Orden der Elche"* – eine Bruderschaft, die ihren kalifornischen Sitz an der Endstation vom Bunker Hill hatte („Elks Lodge No. 99").

Zu den Mitgliedern dieser Gruppe, die sich selbstironisch „Best People On Earth" (beste Menschen auf der Welt) nennen, gehörten früher auch General MacArthur und die Präsidenten Truman, Eisenhower und Kennedy. Was 1868 als privater Zirkel von New Yorker Entertainern, den sog. „Jolly Corks", begann, als Antwort auf den Mangel an sonntags geöffneten Veranstaltungsorten, hat sich zu einer Bruderschaft mit Hauptsitz in Chicago entwickelt, die heute eine Million Mitglieder weltweit zählt.

Die Loge, die sich nach dem Amerikanischen Bürgerkrieg zunächst der Unterstützung von Kriegsveteranen widmete, hat ihre karitativen Aktivitäten mit der Zeit ausgeweitet (nach dem Vorbild der Rotary-, Kiwanis- und Lions-Clubs), ohne sich den gesellschaftlichen Kontroversen zu entziehen, die die jeweilige Epoche mit sich brachte. Frauen und People of Color werden inzwischen akzeptiert, doch um Mitglied zu werden, muss man auf jeden Fall US-Bürger sein und an Gott glauben (neben anderen Voraussetzungen). Die Nicht-Mitgliedschaft in der Kommunistischen Partei gehört aber nicht mehr zu den Kriterien, die die Kandidaten erfüllen müssen.

Wie dem auch sei, Sie müssen jedenfalls kein Mitglied in der kalifornischen Bruderschaft sein, um an Bord des Angels Flights zu gehen. Er hat sich zu einer Touristenattraktion gemausert, deren Eigentümer die *Angels Flight Railway Foundation* ist.

WELLS FARGO HISTORY MUSEUM ⑮

Eroberung des Westens und Goldrausch

333 South Grand Avenue
Dieser Standort wurde vor Kurzem dauerhaft geschlossen. Alternativ können Sie aber das Wells Fargo History Museum in San Francisco besuchen, das ebenfalls interessante Exponate und Dokumente zur Firmengeschichte von Wells Fargo präsentiert
Für weitere Informationen siehe: wellsfargohistory.com/museum/

Im Jahr 1852 riefen Henry Wells und William Fargo, die beiden American-Express-Gründer, die Firma Wells Fargo & Company ins Leben – einen Post-, Transport- und Lieferdienstleister, der sich im Laufe der Jahre zum drittgrößten amerikanischen Finanzkonzern (und zum fünftgrößten Unternehmen der Welt) entwickeln sollte.

Die heutige Großbank mit Sitz in San Francisco, die über Filialen im ganzen Land verfügt, besitzt auch zwölf Museen. Sie sind quer über die USA verteilt – von Denver über Phoenix bis nach Portland und Sacramento – und deshalb so faszinierend, weil sie sich nicht damit begnügen, Lobeshymnen auf den Kapitalismus anzustimmen. Sie erzählen auch die verrückte Geschichte einer einschneidenden Transformation: Die Wandlung vollzog sich während der Eroberung des Westens, als die mit Frauen, Männern und Briefen vollbeladenen Trecks in Zeiten des Goldrauschs zu Geldtransporten wurden – ehe die Eisenbahn schließlich das Verhältnis der amerikanischen Bevölkerung zu den großen, unendlichen Weiten ihres Landes auf den Kopf stellen sollte.

Das Museum in Los Angeles zeigt die Nachbildung einer Postkutsche in den charakteristischen Farben Rot und Gold, Archivfotos, echte Goldnuggets, einen Telegrafen, Werkzeuge, die in den Minen zum Einsatz kamen, und vor allem Karten, darunter die des „Pony Express“: eine dank ihrer legendären Postreiter-Stafette sehr schnelle Postzustellroute, die Saint Joseph (Missouri) mit Sacramento (Kalifornien) verband und zeitweise von den Wells-Fargo-Postkutschen mitbenutzt wurde. Die historischen Karten von Los Angeles, die die Entwicklung der Stadt sehr sorgfältig dokumentieren, sind allein schon einen Besuch wert.

Die Exponate zeichnen auch die Schicksale all jener Frauen und Männer nach, die das Renommee von Wells Fargo begründet haben – sei es als Postkutscher, Bankiers oder Shotgun-Messengers. Letztere waren die Geldboten der damaligen Zeit und wurden unterwegs regelmäßig überfallen, ehe das Unternehmen schließlich sesshaft und in eine Bank umgewandelt wurde. Heute werden die Postkutschen als Zeugen einer vergangenen Ära auf Messen und bei besonderen Events zur Schau gestellt, und Geldzahlungen gelangen in Mikrosekunden ans andere Ende der Welt (wofür Menschen mit dem Flugzeug einige Stunden benötigen). Vergleicht man dies mit der Tatsache, dass die Kutschen seinerzeit rund 24 Tage brauchten, um die Vereinigten Staaten von Osten nach Westen zu durchqueren, ist dies ein beeindruckender, gewaltiger Quantensprung.

BLUE RIBBON GARDEN 16

Eine Rose für Lilly (Disney)

Walt Disney Concert Hall
111 South Grand Avenue
(+1) 323-850-2000
laphil.com
Metro: B Line oder D Line, Haltestelle Civic Center/Grand Park Station

Die vom Architekten Frank Gehry entworfene und 2003 eingeweihte Walt Disney Concert Hall ist zu einem Wahrzeichen der Stadt geworden. Hinter dem Konzertsaal, auf dem Dach des Gebäudes, befindet sich eine kaum bekannte öffentliche Gartenanlage namens „Blue Ribbon Garden“, die das perfekte Plätzchen für eine ruhige Mittagspause ist.

Exotische Pflanzen säumen die Wege dieses idyllischen Parks, in dem hier und da ein paar Tische stehen. Insbesondere ein originell geformter Brunnen zieht die Aufmerksamkeit der Besucher auf sich. Er wurde ebenfalls von Frank Gehry entworfen und besteht aus Tausenden Delfter Porzellanscherben, die wie ein Mosaik angeordnet sind. Der Name des Brunnens lautet *A Rose for Lilly* – eine Hommage an die Spenderin Lilly Disney (Walts Witwe), die eine Vorliebe für Rosen und dieses edle Material hatte. Weiter hinten finden in einem Mini-Amphitheater mitunter Aufführungen für Kinder statt, bevor uns ein Durchgang zwischen den stählernen Nischen zurück zur Grand Avenue bringt.

DER HUNDEPARK AM STILLGELEGTEN BELMONT-TUNNEL

⑰

Transit, traffic, music … *das pulsierende Herz einer vergangenen Stadt*

Belmont-Tunnel, Hollywood Subway, 1304 West 2nd Street
Jederzeit zugänglich

Viele Jahre vor dem Bau der modernen Metro in den 1990er-Jahren war der Belmont-Tunnel, ein zweigleisiger Straßenbahntunnel, durch den jährlich 20 Millionen Fahrgäste befördert wurden, der wahrscheinlich geschäftigste Verkehrsknotenpunkt Amerikas. Von 1925 bis 1955 verband er die verschiedenen Linien der Pacific Electric Railway und verlief von der Ecke 6th Street und Main Street im Zentrum von Downtown bis nach Westlake im Westen.

Diese Straßenbahnlinien ermöglichten damals die Anbindung an das

San Fernando Valley, Glendale, Santa Monica und Hollywood und gaben einen Vorgeschmack auf das, was sehr viel später das Streckennetz der Los Angeles County Metro Rail werden sollte. Nach 1955 wurde der Tunnel stillgelegt und zum Sammelpunkt für Obdachlose und Graffiti-Künstler.

Der unauffällige Tunneleingang an der 2nd Street, der die Auszeichnung Historic-Cultural Monument bekam, wurde inzwischen zugemauert und neu bemalt. Das angrenzende Gelände wurde zu einem Hundepark umgestaltet: eine schlichte Straßenlaterne, Kunstrasen und ein paar bunte Farben, die einen alten Straßenbahnzug abbilden, und das war es auch schon … Dabei war dieses Fleckchen Erde die Wiege vieler Mythen. Sie alle haben die kulturelle Aura eines coolen und geheimnisvollen Kaliforniens mit geprägt, das in der ganzen Welt bewundert wird.

Running Man, *Predator 2*, *Reservoir Dogs – Wilde Hunde*, aber auch zahlreiche Musikvideos berühmter Gruppen aus der Region haben den Tunneleingang als Kulisse verwendet (und den Tunnel selbst, dessen Zugang inzwischen für die Öffentlichkeit gesperrt ist): Black Rebel Motorcycle Club, Warren G, Carlos Santana (für das Video zu *Maria Maria*), um nur einige zu nennen. Sie alle haben diesen nicht besonders attraktiven Ort besucht, der nur schwer zu finden ist, aber eine magische Anziehungskraft besitzt.

Die bewegendste Geschichte über diese verlassene alte Röhre schrieb jedoch die Rockband Red Hot Chili Peppers. Sie drehte hier 1991 den Videoclip zu ihrem bekanntesten Song, der eine wahre Ode an die Stadt Los Angeles ist: *Under the Bridge*. Darin sieht man Frontmann und Sänger Anthony Kiedis durch den Tunnel laufen. Hin und wieder taucht auch das bedrohliche Maul des Tunnels auf, vor dem der damalige Gitarrist der Band, John Frusciante, ein Gitarrensolo spielt.

Dieser weltweite Single Hit (der bislang größte der Red Hots) aus ihrem fünften Album *Blood Sugar Sex Magik* erzählt vom Abstieg in den Abgrund und der Sucht des charismatischen Songschreibers, der nach dem Tod seines Freundes und Bandkollegen Hillel Slovak von diversen Drogen abhängig war. Damals, so heißt es, verbrachte er seine Zeit damit, in der Stadt umherzuirren und seinen Stoff in der Nähe des Belmont-Tunnels zu kaufen, während der Geist von L.A. über ihn wachte – was am Ende dazu führte, dass er diese Zeilen schrieb (der dank des Produzenten Rick Rubin zu einem Hit wurde) und seine schwierige Vergangenheit hinter sich lassen konnte. „I don't ever wanna feel like I did that day" wiederholt der eindringliche Refrain, gesungen von einem zarten Background-Chor. Ein einzigartiger Song für einen besonderen Ort, der es verdient, gewürdigt zu werden.

Es ist sogar möglich, in diesem Tunnel zu skaten – mit der 3D-Figur des berühmten Tony Hawk im gleichnamigen Videospiel.

VISTA HERMOSA PARK

(18)

Ein Miniaturwald im Herzen der Stadt

100 North Toluca Street
(+1) 213-250-3578
laparks.org/park/vista-hermosa
Täglich 7–19.30 Uhr

Die schönste und zugleich romantischste Aussicht auf Downtown haben wir einem Sanierungsprojekt in einem überwiegend von Latinos bewohnten und von Armut geprägten Viertel zu verdanken. Es liegt nordwestlich des Harbor und des Hollywood Freeways, die das Stadtzentrum umgeben.

Das Gelände ist eine grüne Oase, die sich trotz ihrer Nähe zur dichten Bebauung perfekt für ein Picknick eignet und mit einigen Spazierwegen und einem kleinen Amphitheater ausgestattet ist. Der Vista Hermosa Park war 2008 der erste Park, der während über 100 Jahren unweit der Innenstadt angelegt wurde.

Die *Santa Monica Mountains Conservancy* und die *Mountains Recreation & Conservation Authority* haben sich mit der Stadt und dem Vereinigten Schulbezirk von Los Angeles (LAUSD) zusammengetan, um den Anwohnern einen Ort zu bieten, an dem sich Bäche, Felsen, Kaskaden, Wiesen und einheimische Bäume aneinanderreihen. Diese werden noch durch einen Naturspielplatz ergänzt: Der Park, der nicht künstlich bewässert wird, wurde nämlich nach umweltbewussten Kriterien konzipiert.

Das vier Hektar große Gelände ist bei Joggern sehr beliebt. Darüber hinaus beherbergt es einen FIFA-konformen Fußballplatz direkt unterhalb des Parks, den sich Sonntagsspieler und Schüler der Belmont High School teilen, deren Bau zur selben Zeit vom Schulbezirk beschlossen wurde.

Die Hauptzielgruppe ist jedoch die sozial schwächere lokale Bevölkerung: Dank seiner vielseitigen Vegetation stellt Vista Hermosa ein „Eingangstor“ zur Bergkette der Santa Monica Mountains dar, und für Familien aus der Nachbarschaft werden regelmäßig Ausflüge in die Berge oder an den Strand mit kostenlosen Shuttlebussen organisiert.

In einer Stadt mit wenigen Parks, in der große Grünflächen vor allem im Griffith Park oder in den Bergen zu finden sind, die man ohne Auto nur schwer erreichen kann, ist der Erfolg dieses Projekts, das sich auf einem ehemaligen Ölfeld und einer Verwerfungslinie befindet, besonders hervorzuheben.

DAS HAUS AUS MICHAEL JACKSONS MUSIKVIDEO *THRILLER* ⑲

Ein Zufluchtsort vor tanzenden Zombies

Sanders House
1345 Carroll Avenue
Von der Straße aus sichtbar

Hierbei handelt es sich wohl um den berühmtesten Videoclip der Musikgeschichte – ein knapp 14-minütiger Horror-Kurzfilm, der nicht nur einen brillanten Song gekonnt in Szene setzt, sondern auch die Kunst des Musikvideos revolutionierte.

Das von Rod Temperton geschriebene und von Michael Jackson gesungene Lied *Thriller* war die dritte Singleauskopplung aus dem gleichnamigen Album, das seit seiner Veröffentlichung im Jahr 1982 alle Verkaufsrekorde brach. Es kann als eindringliche, kluge Hommage an zahlreiche Horrorfilme verstanden werden.

In visueller Hinsicht führte John Landis Regie – der Regisseur des von Jackson vergötterten Spielfilms *American Werewolf*. Die Geschichte des Videoclips handelt von einer jungen (von Ola Ray gespielten) Frau, die von ihrem Freund, den sie für einen ganz normalen Jungen hält, zweimal hinters Licht geführt wird: das erste Mal im „Film im Film", als sich Michael Jackson nach einem Heiratsantrag in eine Werkatze verwandelt (die Szenen wurden im Griffith Park und in zwei verschiedenen Kinos in der Stadt gedreht); und dann ein weiteres Mal im „echten Leben", als der Sänger die Gestalt eines Zombies annimmt, um die am meisten nachgetanzte Choreografie aller Zeiten aufzuführen: Die berühmte Tanzszene von Michael Jackson und seinen neuen Freunden aus dem Jenseits, die im Viertel Boyle Heights gedreht wurde, ist inzwischen ebenso zum Klassiker geworden wie der Song selbst.

Am Ende dieser gruseligen Verfolgungsjagd flüchtet sich die junge Frau in ein leerstehendes viktorianisches Haus mit bedrohlichen Umrissen, bevor Michael Jackson sie aus dem Albtraum erlöst. Während die Innenaufnahmen im Studio gedreht wurden, ist das für die Außenszenen genutzte Haus heute noch fast im Originalzustand erhalten.

Es wurde 1887 von einem gewissen Michael Sanders erbaut – daher der Name – und thront heute stolz, wenn auch etwas ramponiert in Angelino Heights, einem Stadtteil nördlich von Downtown – in einer Straße mit vielen Villen im Queen-Anne- und Eastlake-Stil, die typisch für die spätviktorianische Zeit sind.

Es handelt sich um ein Privatgrundstück, das man folglich nicht besichtigen kann. Trotzdem ist es möglich, auf der Höhe des Hauses zu halten, um sich ein letztes Mal zu gruseln – ganz besonders kurz vor Halloween, wenn die eisige Strenge der Villa einen starken Kontrast zu den üppigen Dekorationen der Nachbarhäuser bildet.

DER ECHO PARK TIME TRAVEL MART

(20)

Ein verrücktes Projekt und ein Laden, der an Zurück in die Zukunft *erinnert*

1714 West Sunset Boulevard
(+1) 213-556-4861
timetravelmart.com
826la.org
Täglich 12–18 Uhr

Brillen, mit denen man in die Zukunft schauen kann, Pässe für Zeitreisende, Dinosauriereier, Roboter-Accessoires, Verrückter-Wissenschaftler-Outfit, Mammutfleisch-Konserven, Medikamente gegen Zeitreisekrankheit, Survival-Kits für Mumienangriffe, Wikinger-Deodorant: Daran sehen Sie schon, dass dieser Laden, der sowohl an *Zurück in die Zukunft* als auch an das bunte Labor eines durchgeknallten Forschers erinnert, einzigartig in seiner Art ist. Und dies nicht nur, weil er sich auf den Verkauf schräger Objekte spezialisiert hat.

Denn dieser kleine „Markt" ist eines der verrückten Projekte des Kollektivs 826LA, der Los-Angeles-Zweigstelle des Projekts 826, das vom amerikanischen Schriftsteller Dave Eggers (u. a. Autor des Romans *Ein herzzerreißendes Werk von umwerfender Genialität*) ins Leben gerufen wurde. Es bietet literarische Bildungsprogramme für sozial benachteiligte Schüler im Alter von sechs bis 18 Jahren an und unterstützt so die Lehrer bei ihrer Arbeit.

Die Non-Profit-Organisation *826 National* wurde 2002 in Valencia, einem Viertel in San Francisco, von Eggers und der Pädagogin und Autorin Nínive Clements Calegari gegründet. Der Erfolg des Projekts hat die Initiatoren dazu veranlasst, Filialen in L.A., New York, Chicago, Ann Arbor (in der Nähe von Detroit, Michigan), Washington D.C., Boston und New Orleans zu eröffnen. Da „*826*" jedoch in einer Einkaufszone gegründet wurde, war die Organisation aufgrund der Rechtslage in San Francisco gezwungen, nicht einfach nur Gratis-Kurse anzubieten, sondern dort auch etwas zu verkaufen.

Auf diese Weise entstand die Idee, Läden mit abgefahrenen Objekten zu integrieren und diese jeweils unter ein spezielles Motto zu stellen – um Geld für die Lernprogramme zu sammeln.

So gibt es heute in den Stadtteilen Echo Park und Mar Vista (12515 Venice Boulevard, Fr–So 10–16 Uhr) insgesamt zwei Geschäfte, die sich auf Zeitreisen spezialisiert haben, während man in San Francisco auf Piraten, in Brooklyn auf Superhelden, in Chicago auf Geheimagenten, in Detroit auf Roboter, in Boston auf Bigfoot (das amerikanisch-kanadische Pendant zum berühmten Himalaya-Yeti), in Washington auf Magie und in New Orleans auf Gespenster setzt.

MUSIC BOX STEPS

21

Der vergessene Drehort eines oscarprämierten Laurel-und-Hardy-Kurzfilms

923-925 Vendome Street

Vor der Ära der Autobahnen, als Los Angeles bereits über ein ausgedehntes (wenn auch mittelmäßiges) Verkehrsnetz verfügte, waren seine Hügel ein Labyrinth aus steilen Treppen und Abkürzungen. Die meisten von ihnen sind heute immer noch problemlos zugänglich und einige davon sind sogar berühmt geworden. Die „Music-Box-Treppe" im Stadtteil Silver Lake ist nach dem Kurzfilm *The Music Box* (*Der zermürbende Klaviertransport*) benannt, für den Laurel und Hardy 1932 den Oscar erhielten. Darin versucht das Duo, das ein Klavier ausliefern soll, mehr schlecht als recht die 133 Stufen zwischen der Vendome Street und dem Descanso Drive zu erklimmen. Es handelt sich um eine Neuverfilmung von *Hats off!*, einem heute verschollenen Stummfilm aus dem Jahr 1927, der am selben Ort gedreht wurde. *The Music Box* ist einer von Laurel und Hardys ersten Tonfilmen und eine burleske Komödie, die kein bisschen gealtert ist. Was fast ein Jahrhundert später am meisten an diesen Stufen überrascht, ist, dass sie so unglaublich schlicht sind: eine einfache Betontreppe mit einer kleinen Gedenktafel am unteren Ende. Wie bei vielen Schöpfungen Hollywoods handelt es sich hier bloß um etwas alltagliches, das brillant eingefangen und verewigt wurde.

Versteckte Treppenstufen – eine Institution für alle Sportbegeisterten in L.A.

Auch wenn einige Stufen wie etwa die „Music Box Steps" echte Hollywoodstars geworden sind, ist unsere versteckt gelegene Lieblingstreppe in L.A. die des High Tower Elevators (siehe Seite 80). Sie bietet nicht nur einen unglaublichen Panoramablick, sondern vermittelt einem auch das Gefühl, allein auf der Welt zu sein. Manchmal reicht schon ein Spaziergang, um einige dieser Treppen zu entdecken, die auf die umliegenden Hügel führen. Begeben Sie sich auf die Suche nach Ihren Lieblingsstufen: von Silver Lake bis Pacific Palisades, von Culver City bis Beachwood Canyon, von El Sereno über Echo Park bis hin zu Downtown und Santa Monica – für alle, die gern wandern, Cardio-Übungen machen oder ganz allgemein die Stadt erkunden wollen, gibt es zahlreiche Möglichkeiten. Morgens und abends finden sich überall in der Stadt motivierte Sportler an einer der vielen Außentreppen ein, um auf und ab zu laufen – mit vollem Einsatz. Diese improvisierten Fitnessstudios – teils von der Vegetation überwuchert – sind manchmal nur schwer zu finden, doch sie sind die Mühe allemal wert: Wenn man erst einmal oben ist, wird man oft mit einer einzigartigen Aussicht belohnt. Also Sportschuhe an und los geht's!

DIE GEDENKSTEINE FÜR DEN KATER „ROOM 8“

(22)

Eine zum Mythos gewordene Schulkatze

Elysian Heights Elementary School, 1562 Baxter Street, Los Angeles
elysian-lausd-ca.schoolloop.com/room8 – Von der Straße aus sichtbar

Es hätte einfach eine ganz gewöhnliche Geschichte von einer herumstreunenden Katze in einer Grundschule sein können, doch es wurde etwas Großartiges daraus – ein Mythos, wie ihn nur L.A. hervorbringen kann. Der reizende Kater ist zwar schon 1968 gestorben, dennoch genießt er in dieser ruhigen Ecke von Echo Park, einem Wohnviertel, das in den letzten Jahren gentrifiziert wurde, weiterhin eine Art Kultstatus. Es geht um die Geschichte einer großen grauen Katze, die von 1952 bis 1968 im Schulgebäude der Elysian Heights Elementary School lebte. Heute erinnern dort noch Gedenksteine, Zeichnungen und

Mosaike an sie. Und auf der Website der Schule gibt es sogar eine eigene, dem Kater gewidmete Seite. Als er 1952 zum ersten Mal im berühmten Klassenzimmer Nummer 8 aufkreuzte, war „Room 8“ (ein Wortspiel mit *roommate*, dem engl. Wort für „Mitbewohner“) einfach ein streunender Kater, den Schüler und Lehrer schnell in ihr Herz schlossen. Die Treue und Anhänglichkeit des Katers über viele Jahre hinweg hinterließen einen bleibenden Eindruck. Den Sommer über war er (wie die Schüler auch) die ganze Zeit auf Achse, doch zu Beginn des neuen Schuljahrs stand er dann wieder pünktlich auf der Matte, um auf dem Schreibtisch der Klassenlehrerin ein Nickerchen zu machen, während die Kinder morgens das Treue-Gelöbnis aufsagten.

In diesen 16 Jahren wurde der Kater mit einem Kinderbuch (*A Cat named Room 8*), einem Instrumentalstück namens *Room 8* (vom Akustikgitarristen Leo Kottke) und einem Dokumentarfilm (*Big Cat, Little Cat*) bedacht. Außerdem erhielt er täglich bis zu 100 Briefe, die an die Schule geschickt und teilweise von den Schülern im Rahmen einer Schreibübung beantwortet wurden. Die Post war eine Reaktion auf Artikel und Fernsehreportagen in den wichtigsten Medien des Landes: Jedes Jahr zu Schulbeginn warteten mit Kameras bewaffnete Journalisten fieberhaft auf die Rückkehr des Katers. Als Room 8 starb, widmete die *Los Angeles Times* ihm sogar einen dreispaltigen Nachruf. Es sollte nicht die einzige Würdigung in der amerikanischen Presse bleiben.

Natürlich hat der Hype inzwischen etwas nachgelassen, sieht man einmal von den Huldigungen einiger Freaks im Internet ab. Während Schüler und Lehrer mit dem Mythos vertraut sind, der sich um ihre Schule rankt, werden Sie vermutlich nicht sehr viele Touristen dort antreffen. Seien Sie respektvoll und machen Sie ein paar Fotos vom Gehweg und den Wänden. Betreten Sie aber auf keinen Fall die Schule und verhalten Sie sich unauffällig, während Sie im Vorbeigehen einen kurzen Blick auf die originellen Widmungen werfen. Den Ablauf des Schulbetriebs zu stören, ist selbstverständlich tabu.

Um niemanden zu belästigen und die Ruhe in der Schule zu wahren, befindet sich das Grab von Room 8 einige Kilometer von ihr entfernt auf dem Tierfriedhof Los Angeles Pet Memorial Park. Dies gibt Ihnen Gelegenheit zu einem Spaziergang im schicken Städtchen Calabasas, nordöstlich von Malibu.

Los Angeles Pet Memorial Park & Crematory – 5068 North Old Scandia Lane, Calabasas – (+1) 818-591-7037 – lapetcemetery.com

DAS KUNSTWERK *FACES OF ELYSIAN VALLEY* 23

Der erste Kreisverkehr in der Geschichte L.A.s – ein Vorzeigeprojekt

501 North San Fernando Road
greenmeme.com
Von der Straße aus sichtbar

Das Kunst- und Designstudio Greenmeme, dem wir einige der kreativsten urbanen Installationen in der Stadt zu verdanken haben (darunter die Betonwand „Concrete Wallpaper“ entlang der Interstate 405 und des Sepulveda Boulevards sowie das Kunstwerk „Hyperion-Son of Uranus“ am Environmental Learning Center), hat 2017 neun eiförmige, mit Gesichtern versehene Granit-Skulpturen aufgestellt. Sie stehen in der Nähe des Dodger Stadiums und sind so konzipiert, dass sie die Umgebung nicht beeinträchtigen.

Dieser allererste Kreisverkehr in der Geschichte L.A.s, den Gesichter unbekannter Menschen zieren, die die Stadt geprägt haben (im Vorfeld fand ein Casting statt), wurde von Freya Bardell und Brian Howe entworfen. Er ist als „Eingangstor zu den drei umliegenden Stadtvierteln“ (Elysian Valley, Cypress Park und Lincoln Heights) gedacht – und darüber hinaus auch als Rückhaltebecken für Regenwasser, das von der nahe gelegenen Riverside Drive Bridge herübergeleitet wird.

Auch über den äußeren Ring der Anlage wird Regenwasser aufgefangen, dank durchlässiger Pflastersteine und Steinplatten, die ebenfalls mit Gesichtern versehen sind (die Steine stammen aus den Resten der Skulpturen). Sie speichern das kostbare Nass, während sorgfältig ausgewählte heimische Pflanzen, die mit wenig Wasser auskommen, das Ensemble abrunden. Insgesamt waren mehr als 200 Personen an diesem städtischen Projekt beteiligt, dessen Planung sieben Jahre in Anspruch nahm. Ein urbanes Musterbeispiel für „grüne und umweltbewusste“ Kunst.

DER VERSAMMLUNGSSAAL DES *ABENTEURER-KLUBS* VON LOS ANGELES

24

Expeditionen im alten Stil und exotische Artefakte

The Adventurers' Club of Los Angeles, 2433 North Broadway
(+1) 323-223-3948 – adventurersclub.org
Wöchentliche Veranstaltungen, Vorträge und Dinner-Menüs, die meist auch Nicht-Mitgliedern offenstehen (nur nach Voranmeldung), fast jeden Donnerstag 18–21.30 Uhr (Achtung: Manche Abende sind nur den Mitgliedern des Klubs vorbehalten – bitte vor jeder Veranstaltung auf der Website überprüfen)
Dresscode: „Business Casual"

Dieser „Abenteurer-Klub" liegt versteckt in einer wenig einladenden Einkaufsstraße von Lincoln Heights, in der 2. Etage über einem Drugstore, neben dem eine schmale Treppe ein gelbliches Licht ausstrahlt. Er wirkt auf den ersten Blick nicht gerade vertrauenerweckend, und dennoch – wenn man erst einmal die Tür passiert hat, findet man sich in einer Umgebung wieder, die Indiana Jones' kühnsten Fieberträumen entsprungen sein könnte.

Doch machen Sie sich selbst ein Bild: ein verwittertes Kajak, ein ausgestopfter Eisbär, präkolumbianische Töpferarbeiten, Helme aus dem Zweiten Weltkrieg, Tresore, Flaggen, eine echtes Mammutskelett, ein Affenkopf, ein Schrumpfkopf vom Bororo-Stamm aus dem Amazonasgebiet – die Artefakte, die diesen ansonsten unspektakulären Versammlungsraum schmücken, sind alles andere als gewöhnlich. Selbst die Mitglieder, meist ältere Herren im gesetzten Alter, die sich damit brüsten, „den Everest ohne Sauerstoff bestiegen", „in der Arktis gesurft",

„im Krieg gekämpft“ oder „auf allen sechs Kontinenten Aale gefischt“ zu haben, scheinen aus einer längst vergangenen Zeit zu kommen, als es noch Entdecker alter Schule gab – und Anekdoten, die aus einem Jules-Verne-Buch stammen könnten. Ob sie nun etwas altmodische Selbstverteidigungskurse geben oder Autoren zu einem ausführlichen Gespräch empfangen – ihre Vorstellung von Abenteuer hat eine gewisse Strahlkraft.

Kapitän John Roulac rief diesen originellen Klub im Jahr 1922 ins Leben. Er sollte Männer zusammenführen, die auf der Suche nach sportlichen, menschlichen und anthropologischen Herausforderungen sind. Zu seinen berühmtesten Mitgliedern zählten US-Präsident Teddy Roosevelt, der Astronaut Buzz Aldrin sowie der Regisseur James Cameron. Große Namen auf dem Gebiet der Erd- und Weltraumforschung, Archäologen und andere Wissenschaftler, aber auch weniger bekannte Anhänger des alternativen Reisens abseits der ausgetretenen Pfade: Sie alle lieben es, hier donnerstagsabends von ihren Abenteuern zu berichten und denen anderer reisefreudiger Redner zu lauschen.

Der Klub, der etwa 100 Mitglieder zählt (zu seiner besten Zeit waren es bis zu 1.000), akzeptiert weiterhin keine Beiträge von Frauen – außer bei den „Open Nights“. Als Gäste sind auch Nichtmitglieder, sowohl Frauen als auch Männer, willkommen (nur nach Voranmeldung).

Die beeindruckende Meteoritensammlung der UCLA

UCLA Meteorite Collection
Raum 3697 des Geologie-Gebäudes
595 Charles E. Young Drive East
meteorites.ucla.edu
Montag bis Freitag 9–16 Uhr

Eine weitere Sammlung faszinierender Exponate erwartet den Besucher in der UCLA (University of California Los Angeles), auf dem Westwood-Campus. In Raum 3697 beherbergt die Abteilung für Geologie die zweitgrößte Meteoritensammlung der USA. Alles nahm seinen Lauf, als William Andrews Clark (siehe Seite 94) der Universität ein 160 Kilogramm schweres Fragment des Meteoriten Canyon Diablo schenkte, der vor 49.000 Jahren auf die Erde gestürzt war. Seither hat die Fakultät eine aus 2.400 Proben bestehende Sammlung zusammengetragen, die vor Ort zu sehen ist.

Von Los Feliz bis Malibu

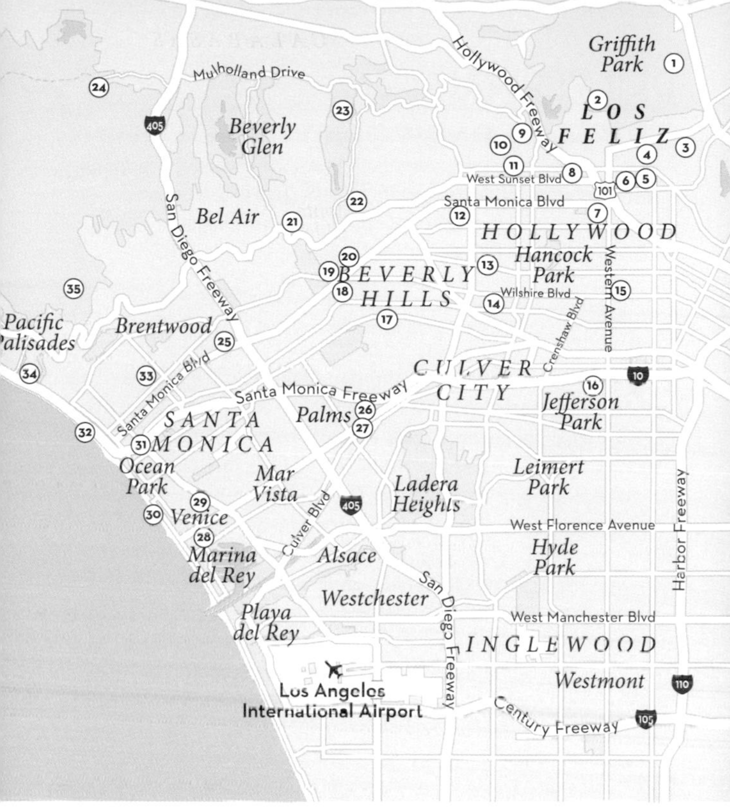
Griffith Park
Mulholland Drive
Hollywood Freeway
LOS FELIZ
Beverly Glen
West Sunset Blvd
Santa Monica Blvd
HOLLYWOOD
Bel Air
San Diego Freeway
Hancock Park
BEVERLY HILLS
Wilshire Blvd
Western Avenue
Crenshaw Blvd
Pacific Palisades
Brentwood
Santa Monica Blvd
CULVER CITY
Santa Monica Freeway
Jefferson Park
Palms
SANTA MONICA
Ocean Park
Mar Vista
Ladera Heights
Leimert Park
Venice
Culver Blvd
West Florence Avenue
Harbor Freeway
Hyde Park
Marina del Rey
Alsace
San Diego Freeway
Westchester
Playa del Rey
West Manchester Blvd
INGLEWOOD
Westmont
Los Angeles International Airport
Century Freeway

DER VERWAISTE GRIFFITH-PARK-ZOO ①

Lust auf ein Picknick im Tigerkäfig?

4730 Crystal Springs Drive
(+1) 323-644-2050 – laparks.org
Täglich von 5–22.30 Uhr
Metro: B Line, Haltestelle Vermont/Sunset

Der Griffith Park, einer der imposantesten Stadtparks in Nordamerika, ist voller verborgener Ecken und Winkel. Um alle zu erkunden, bräuchte man ein ganzes Leben – zumal Mutter Natur, die Königin des Ortes, dafür sorgt, dass die meisten Zugänge unentdeckt bleiben und zuwachsen. Es gibt hier Wege, die ins Nirgendwo führen, versteckte Höhlen, temporäre Gärten, magisch wirkende Wäldchen … und sogar einen verwaisten Zoo. Ein paar Kilometer vom neuen Los Angeles Zoo entfernt, auf der Höhe eines alten Karussells, weitet sich der Blick auf ein kleines grünes Tal, das von außergewöhnlichen Felsenhöhlen gesäumt wird: der perfekte Ort für ein Picknick oder einen schattigen Zwischenstopp auf einer Wanderung sowie Schauplatz des „Shakespeare in the Park“-Festivals, das hier jeden Sommer stattfindet. Allein die Gitterstäbe der Käfige lassen erahnen, dass man sich hier im ehemaligen

© Junkyardsparkle

Zoo von Los Angeles befindet, denn bei diesen Minihöhlen handelt es sich um die leer stehenden Gehege von Dschungel- oder Waldtieren.

Ein kurzer Rückblick: Vor vielen Jahren lebten an diesem Ort exotische Tierarten, die aus der ganzen Welt stammten. Einige von ihnen waren bei Dreharbeiten zu Kinofilmen eingesetzt worden. Andere Tiere wiederum gehörten privaten Sammlern und Abenteurern, die sich in unbekannte Länder vorgewagt hatten, oder waren vom Eastlake Zoo hierhergebracht worden – der geschlossen wurde, als der Griffith Park Zoo 1912 seine Pforten öffnete. Der Zoo auf dem Gelände der ehemaligen Straußenfarm Griffith J. Griffith, in dem anfangs nur 15 Tiere gehalten wurden, erfuhr in den 1930er-Jahren eine plötzliche Erweiterung – auf Betreiben der Works Progress Administration (WPA), der wichtigsten im Zuge von Roosevelts New Deal geschaffenen Bundesbehörde der USA. Diese Vergrößerung setzte sich bis 1966 fort, als die Tiere in den modernen Zoo gegenüber dem Autry Museum umzogen.

Heutzutage kann man in den Ruinen der Löwen-, Tiger- und Bärenkäfige, von denen einige erstaunlich klein sind, nach Belieben herumklettern und sein Picknick verspeisen. Gut möglich, dass hier auch noch die Geister von Johnny Weissmüller, dem einzigartigen Tarzan-Darsteller, oder von George, dem berühmten brüllenden MGM-Löwen, umherstreifen. Beide hat das Kino an diesen magischen Ort geführt – aber nur einer von ihnen befand sich damals im Käfig.

BATMANS HÖHLE IM BRONSON CANYON

②

Ausflug (ohne Batmobil) zur geheimen „Batcave“

3200 Canyon Drive
(+1) 818-243-1145 (Nummer des Amts für Freizeit und Parks: Los Angeles Department of Recreation and Parks)
laparks.org/park/bronson-canyon
Täglich von 5–22.30 Uhr

Hier geht es uns nicht darum, Ihnen den besten Weg zum ikonischen Hollywood-Schild zu zeigen, das am Berghang über der Stadt thront. Dafür gibt es eine Reihe mehr oder weniger steiler Wanderpfade, die in jedem Reiseführer zu finden sind.

Doch die 1923 aufgestellten riesigen weißen Buchstaben im Blick zu haben, während man im Griffith Park oder auf den höchsten Punkten der Stadt spazieren geht, ist stets eine angenehme Belohnung. Und was könnte lohnender sein, als diese einzigartige Aussicht zu genießen, wenn man aus … Batmans geheimer Höhle kommt?

In der ersten TV-Serie über den Fledermausmann in den 1960er-Jahren haben sich die Drehbuchautoren einen Spaß daraus gemacht, Szenen in die Geschichten einzubauen, die in Batmans berühmt-berüchtigter Höhle spielen. Dem Comic zufolge soll sich dieses hypermoderne Labor unter dem Herrenhaus der Familie Wayne befinden und nur durch das Betätigen versteckter Hebel zugänglich sein. Bei Verfolgungsjagden sah man die Protagonisten immer in der Batcave ins Batmobil – Batmans motorisierten Untersatz – springen und aus einer kleinen, zwischen Felsgestein verborgenen Höhle herausfahren, ehe sie sich auf die Suche nach den Verbrechern machten.

Bei dieser in L.A. gedrehten Serie diente die Landschaft im Griffith Park als Kulisse für die Umgebung von Gotham City. Parken Sie Ihr Auto im südwestlichen Teils des Parks am Canyon Drive 3200 und nehmen Sie dann den leichten Anstieg zum Bronson Canyon in Angriff. Er wird Sie in weniger als einer Viertelstunde zum Eingang der Höhle bringen, die nun für Wanderer geöffnet ist. Am Ausgang des Tunnels (der Anfang des 20. Jahrhunderts in den Felsen gebohrt wurde und immer noch regelmäßig für Dreharbeiten genutzt wird) biegen Sie hinter der zweiten kleinen Höhle nach links. Wenn Sie schon keine Jagd auf echte Bösewichte machen, erwartet Sie dort wenigstens ein atemberaubender Blick auf das Hollywood-Schild. Der Rundweg dauert insgesamt nur eine knappe halbe Stunde, doch inklusive Fotos sollten Sie eine gute Stunde einplanen.

Weiter nördlich bringt der Brush Canyon Trail Sie dann in weniger als einer Stunde tatsächlich zum Hollywood-Schriftzug. Die beiden Touren lassen sich auch perfekt kombinieren – aber sagen Sie niemandem, dass Sie den Tipp von uns haben.
Und noch ein Ratschlag, der für alle Wanderungen in Los Angeles gilt: Wenn Sie in den frühen Morgenstunden oder bei Einbruch der Dunkelheit unterwegs sind, sollten Sie auf Klapperschlangen achten (bedecken Sie die Beine und bleiben Sie wachsam)!

DIE SHAKESPEARE BRIDGE

③

Einer der romantischsten Orte in Los Angeles

4001 Franklin Avenue
Die Brücke beginnt auf der Höhe der Saint George Street
(+1) 323-908-6078
franklinhills.org

Diese kurze Straßenbrücke wurde 1926 errichtet und 1998 – nach dem Northridge-Erdbeben von 1994 – erneut aufgebaut. Sie gehört zu den romantischsten Orten in Los Angeles und wurde 1974 als Historic-Cultural Monument ausgezeichnet.

Die Brücke überspannt nicht nur ein kleines Tal im Herzen von Los Feliz, sondern beherbergt zwischen ihren Pfeilern auch einen winzigen Garten (Zugang über 1900 Monon Street). Die kleine Franklin-Hills-Community, in der auch einige bekannte Filmstars wohnen, hat nichts mit dem berühmten britischen Dramatiker zu tun. Dennoch ist sie sehr aktiv, wenn es darum geht, die Authentizität dieses hübschen Viertels am Hügel zu erhalten. Seit besagtem Wiederaufbau wird die 80 Meter lange und neun Meter breite Brücke regelmäßig mit Lichterketten geschmückt, die von der *Franklin Hills Resident Association* angebracht werden.

Dieses kleine Juwel, das von Architekt J.C. Wright entworfen wurde und ursprünglich die bescheidene Summe von 60.000 Dollar gekostet hat, fand bei Anwohnern und Presse zunächst keinen großen Anklang. In einem Artikel der *Los Angeles Times* hieß es damals, eine solche Brücke werde für die Allgemeinheit uninteressant sein. Doch seither hat man sie im Viertel richtig lieb gewonnen. Die Schlucht, durch die früher ein schmaler Bach namens Arroyo de la Sacatela floss, ist über eine Reihe von Treppen zugänglich. Sie stammen aus derselben Zeit wie die Betonbrücke mit den gotischen Turmspitzen, für die nur wenige Autofahrer ein Auge haben. Der Bürgersteig ist schmal, aber am Osteingang der Brücke ist es möglich, ein paar Minuten zu parken.

Sie müssen keinen ganzen Tag dort verbringen. Die Brücke lohnt sich jedoch als spektakulärer Fotostopp auf dem Weg zu diversen Sehenswürdigkeiten in der Stadt, darunter Walt Disneys erstes Haus (2495 Lyric Avenue), das Hollyhock House im Barnsdall Park (4800 Hollywood Boulevard, siehe Seite 72) und die ABC Prospect Studios (4151 Prospect Avenue), in denen seit den 1950er-Jahren zahlreiche Fernsehsendungen aufgenommen wurden. Von den Versen William Shakespeares und seinen Schauspieltruppen ist all das aber meilenweit entfernt.

DAS „HAPPY FOOT/SAD FOOT“-SCHILD ④

Ein Fußsymbol von ungeahnter Macht

Ehemaliger Standort: 2711 W. Sunset Boulevard
Neue Adresse: 1770 N Vermont Avenue

Sie war eine der bekanntesten Leuchtreklamen im hippen Stadtteil Silver Lake. Dabei prädestinierte nichts dieses wie eine Wetterfahne rotierende Schild, zu solch einer Kultstätte zu werden, und dennoch – das doppelseitige Schild eines Podologen aus der Nachbarschaft, das auf der einen Seite einen gesunden, gut gelaunten Fuß im Cartoon-Stil zeigt, und auf den anderen einen Fuß im schlechten Zustand, der an Krücken geht (zusammen mit der Aufschrift „Foot Clinic" und einer Telefonnummer), ist in wenigen Jahren zu einem Wahrzeichen des Viertels und der Künstlerszene in der Stadt geworden.

In einem 2007 erschienenen, in Los Angeles spielenden Roman von Jonathan Lethem (*You Don't Love Me Yet*, dt. Titel *Du liebst mich, du liebst mich nicht*) dient das berühmte Schild der Protagonistin im Buch als Kompass bei wichtigen Entscheidungen und sie behandelt den Fuß wie einen allmächtigen Gott. Auch die beiden Musiker Beck und Eels empfanden das Schild als eine Art Orakel – als sie noch in Silver Lake wohnten, unterstellten sie ihm, wie sie sagen, prophetische Qualitäten. „Wird es ein guter oder ein schlechter Tag für dich? Frag den Fuß!" Diejenige Seite, die sich zuerst zeigte, sobald man das Haus verließ, gab den Kurs für den Tag vor. David Foster Wallace erwähnt das Schild ebenfalls (in seinem Roman *Der bleiche König*), und die Elektro-Pop-Gruppe YACHT machte es zur Hauptfigur in einem schrägen Videoclip. Im Laufe der Zeit bekam das Viertel sogar einen Spitznamen verpasst, wie ihn nur die Amerikaner für ihre *Neighborhoods* erfinden können: HaFo SaFo (für „Happy Foot/Sad Foot"). Umso größer war der Schock, als Dr. Lim 2019 beschloss, seine Praxis zu schließen und das Schild entfernen zu lassen. Was sollte aus der inoffiziellen Legende des Viertels werden? Ein paar Monate lang hielten alle den Atem an.

Ende 2019, kurz bevor das Schild vernichtet werden sollte, kaufte es schließlich Bill Wyatt. Der Betreiber des Geschäfts Y-*Que Trading Post* (im Nachbarviertel Los Feliz, und ein großer Fan des rotierenden Fußes, stellte es anschließend in seinem Laden auf. Seither kommen jeden Tag zum Spaß ein paar Eingeweihte vorbei, um dem Fuß mit den zwei Gesichtern einen Besuch abzustatten.

Zu Fuß unterwegs im Stadtteil Silver Lake

Von der Sunset Junction bis zum Echo Park Lake und zurück (auf dem Hinweg am Silver Lake Reservoir vorbei und zurück über den Sunset Boulevard) braucht es etwa 1 Std. und 40 Min. Wenn man noch die Umrundung des besagten Sees sowie eine Mittagspause und etwas Shopping einplant, ist dies die ideale Route, um das Hipster-Viertel von L.A. in einem halben Tag zu erkunden. Jetzt fehlt nur noch ein Abstecher zum Laden in Los Feliz, um dort die Überreste des „Happy Foot/Sad Foot"-Schilds zu bewundern.

HOLLYHOCK HOUSE ⑤

Frank Lloyd Wrights ungeliebtes Meisterwerk

Barnsdall Art Park, 4800 Hollywood Blvd.
(+1) 213-626-1901 – barnsdall.org
Park täglich von 6–22 Uhr geöffnet
Junior Art Center: Montag bis Freitag von 9.30–17 Uhr; Kunstgalerie: Freitag von 11–15 Uhr (nur nach Terminvereinbarung, Tickets siehe Website); Besichtigungen des Hauses: Donnerstag bis Samstag von 11–16 Uhr
Letzter Ticketverkauf um 15.30 Uhr

Dieser wundersame Bau entstand in der ersten Hälfte von Frank Lloyd Wrights Karriere, als seine Arbeiten noch nicht allzu bekannt waren. Das Hollyhock House („Stockrosen-Haus“) genannte Gebäude stieß zunächst auf Ablehnung, ehe es sich zu einem verborgenen Schatz L.A.s entwickelte. Schon die Eigentümerin Aline Barnsdall mochte es nicht, weshalb sie nur kurz dort wohnte und das Haus sowie den nach ihr benannten Park 1927 der Stadt Los Angeles übertrug. Auch der Architekt mochte das Gebäude nicht besonders. Er experimentierte zu dieser Zeit – noch bevor er seine Meisterwerke wie etwa Fallingwater in Pennsylvania oder das unübertreffliche Guggenheim Museum in New York schuf – mit einem Mischkonzept, bei dem mit Reliefornamenten verzierter Beton zum Einsatz kam und das sowohl an Maya-Tempel als auch an traditionelle japanische Wohnhäuser erinnert.

Dies *textile concrete block system* genannte Bauweise markiert den

Übergang zwischen den wenigen großen Gebäuden, die von einigen Gemeinden in Auftrag gegeben wurden, und den Oden an die Natur, die der amerikanische Meisterarchitekt später entworfen hat.

Aus heutiger Sicht ist das Gebäude, dessen Stil auch als California Romanza bekannt ist, von erhabener Schönheit: roher Beton, kunstvoll gestaltete Säulen, Jugendstilelemente, die sich mit modernen Details mischen, ein zentraler, halb überdachter Springbrunnen, Stege, die an kleine Kanalbrücken erinnern, ein prachtvoller Kamin mit Flachrelief, das ägyptische und Bauhauselemente kombiniert. Da dieser Stilmix hier wunderbar funktioniert, ist der Besuch im Inneren des Hauses ein Muss. Denn das Äußere mutet wie ein wuchtiger Freimaurertempel an und kann trotz des hübsch geformten Hügels und der spektakulären Sicht recht streng wirken. Der Park beherbergt auch ein Kino, eine Kunstgalerie und ein Kunstzentrum für Kinder.

Frank Lloyd Wrights Sohn, der ebenfalls den Vornamen Lloyd trug, leitete die Errichtung der Nebengebäude. Er war auch Hauptarchitekt des anderen im Maya-Stil gehaltenen Hauses im Stadtteil Los Feliz. Es liegt nur einige hundert Meter entfernt und wurde auf einen Schlag berühmt. Der Grund: Das John-Sowden House mit seinem an ein Haifischmaul erinnernden Eingang in der Franklin Avenue 5121 soll 1947 Schauplatz eines der spektakulärsten Verbrechen in der Stadt gewesen sein. Gemeint ist der Mord an Elizabeth Short, die besser unter dem Namen „Schwarze Dahlie“ bekannt ist.

© Teemu008 from Palatine, Illinois

CHARLES BUKOWSKIS BUNGALOW

⑥

Das ehemalige Haus des Kultautors, das heute unter Denkmalschutz steht

5124 De Longpre Avenue
Kann nicht besichtigt werden
Metro: B Line, Haltestelle Vermont/Sunset

Es ist den vereinten Kräften von Lauren Everett und Richard Schave zu verdanken, dass der bescheidene Bungalow in der De Longpre Avenue 5124, den der Schriftsteller Charles Bukowski fast zehn Jahre lang gemietet hatte, in letzter Minute vor dem Abriss gerettet werden konnte.

Ein Sieg für alle Fans des Autors, dessen erster Roman *Der Mann mit der Ledertasche* an diesem Ort innerhalb von nur 21 Tagen entstanden ist. Er wurde 1971 in den USA veröffentlicht – nachdem Bukowski jahrelang ohne großen Erfolg Kurzgeschichten und Gedichte verfasst hatte.

Die Fotografin Everett und der Kunsthistoriker Schave (Letzterer hat übrigens ein Unternehmen namens *Esotouric* gegründet, das ungewöhnliche Bustouren durch die Stadt anbietet), haben eine intensive Kampagne geführt. Sie richtete sich gegen Bauherren, die wild entschlossen waren, die Bungalows auf dem Grundstück in moderne Gebäude umzuwandeln. Dieses kleine Haus macht eigentlich nicht viel her, dennoch wurde es 2008 von der Los Angeles Cultural Heritage Commission ins National Register of Historic Places aufgenommen. Auf diese Weise rettet die Kommission jedes Jahr etwa 40 Baudenkmäler – sei es wegen ihres hohen architektonischen Werts oder, wie hier, wegen ihres Beitrags zur Geschichte der Stadt. Zur kleinen Familie von Denkmälern, die „für immer und ewig" vor dem Zahn der Zeit bewahrt werden, gehören unter anderem der oben auf dem Hügel thronende Hollywood Schriftzug, die Watts Towers in South Los Angeles und das Shrine Auditorium neben der USC.

„Die Gegend ist ein Arbeiterviertel geblieben, das sich aus Russen, Armeniern und Slawen zusammensetzt, die in den 1960er- und 1970er-Jahren hierherkamen", erklärte Richard Schave der Presse gegenüber, als es um die Rettung des Bukowski-Hauses ging. „Um die Ecke gibt es immer noch *Pink Elephant Liquor*, Bukowskis Lieblings-Spirituosenladen. Gerade hier in der De Longpre Avenue explodierte seine Schaffenskraft förmlich. Dieser Ort war der Motor, der ihn für den Rest seines Lebens antrieb." Von dieser entscheidenden Phase an wurde Black Sparrow Press unter der Leitung seines Gründers John Martin zum amerikanischen Hausverlag Bukowskis.

In der Straße steht nun ein Schild, das diesen Sieg der Kunst über das Geld feiert. Der Bungalow befindet sich in Privatbesitz, aber man kann ihn sehr gut von der Straße aus sehen. Vielleicht fragen Sie ja die aktuellen Bewohner um Erlaubnis, ob Sie ein Erinnerungsfoto schießen dürfen.

DIE „GRABRAKETE“ VON CONSTANCE UND CARL BIGSBY

⑦

„Too bad … We had fun“

Hollywood Forever Cemetery, 6000 Santa Monica Boulevard
(+1) 323-469-1181 – hollywoodforever.com
Täglich von 8.30–17 Uhr; Eintritt frei

Der Hollywood Forever Cemetery, einer der repräsentativsten Friedhöfe des Landes, beherbergt eine beeindruckende Anzahl von

Grabstätten berühmter Persönlichkeiten. Viele Stars aus Film, Theater und Fernsehen sind auf diesem schönen grünen, 25 Hektar großen Gelände begraben, das von Palmen gesäumt wird und an die Paramount Studios grenzt (was wohl kein Zufall ist). Der Friedhof begnügt sich aber nicht damit, „*The Place to be*“ für verstorbene Celebrities zu sein, sondern hat es seit Anfang der 2000er-Jahre verstanden, seine Attraktivität auch unter den Lebenden zu steigern – vor allem dank der Ausrichtung von Partys, Filmvorführungen und Open-Air-Konzerten im Sommer.

Auf diesem hübschen Flecken Erde haben jedoch auch viele unbekannte Menschen ihre letzte Ruhestätte gefunden – die beim Kauf ihres Grabsteins manchmal die Grenzen des guten Geschmacks, der Sentimentalität, des Anstands und der Schrulligkeit überschritten.

So wie im Fall des Grafikers Carl Bigsby und seiner Frau Constance: Auf ihrem Grababschnitt, der sich in der zentralen Sektion 13 (Parzelle 521) befindet, steht eine originalgetreue Nachbildung der Atlas-B-Rakete, die am 18. Dezember 1958 den ersten Kommunikationssatelliten der Geschichte in den Orbit transportiert hatte. Dieser geglückte Start brachte die USA bei der Weltraumeroberung zurück auf Erfolgskurs, nachdem sie zunächst gegenüber der Sputnik-Rakete – eine sowjetische Trägerrakete, die bereits im Jahr zuvor erfolgreich eingesetzt worden war – stark in Rückstand geraten waren.

Der am 3. Mai 1959 verstorbene Carl Bigsby betrachtete sich mit einem Augenzwinkern als „Pionier“ der grafischen Gestaltung – in Anspielung auf diese entscheidende Mission. „Die Weltraummission Atlas Pioneer steht hier symbolisch für die Karriere von Carl Morgan Bigsby, einer anerkannten Führungspersönlichkeit in vielen Bereichen der grafischen Künste. Auch er war ein Pionier“, ist auf der originellen Grabinschrift zu lesen. Vor allem aber kann man hier eine prächtige Raketenstatue bewundern – ein Grabstein, wie man ihn nicht alle Tage zu Gesicht bekommt.

Auf der Grabinschrift von Constance Bigsby – die erst viel später, im Jahr 2000, starb – wird ihr Todesdatum nicht erwähnt. Direkt über dem Geburtsjahr (1914) ist hingegen ein Satz eingemeißelt, den sich jeder Bonvivant gern zu eigen machen würde: „*Too bad … we had fun*“ („Schade … wir hatten Spaß“). Das Paar verstand es ganz offensichtlich, das Leben zu genießen, ohne sich selbst dabei allzu ernst zu nehmen. Ihre schräge Hommage an die Helden der Weltraumeroberung ist poetisch, grandios und witzig zugleich. Ein Geschenk für Liebhaber ausgefallener, wenig beachteter Fundstücke, die sich nicht auf die Suche nach den Gräbern von Marilyn Monroe oder Mickey Rooney begeben wollen.

DAS MUSEUM DES TODES

8

„Bei uns kippen jede Woche ein bis zwei Personen um"

6031 Hollywood Boulevard
(+1) 323-466-8011; museumofdeath.net
Momentan ist das Museum geschlossen und soll an einen anderen Ort umziehen, weitere Informationen finden Sie auf der Website
Metro: B Line, Haltestelle Hollywood/Vine

Ich würde nicht soweit gehen und sagen, dass sich die Leute hier übergeben, aber im Schnitt kippen bei uns jede Woche ein bis zwei Personen um": Mit diesen beruhigenden Worten und einem Lächeln heißt uns der Chef des Museum of Death willkommen. „Einige Fotos sind in der Tat sehr anschaulich, und manche Besucher finden das zu blutrünstig". Seien Sie also gewarnt.

Der erste Raum gibt gleich den Ton an: Er ist noch für ein sensibles Publikum geeignet, wenngleich er sich der Figur des Serienkillers widmet – ein Mythos, der in der amerikanischen Vorstellungswelt fest verankert ist. Die beiden Gründer des Museums, Cathee Shultz und J.D. Healy, haben aber auch europäische Artefakte zusammengetragen, darunter den mumifizierten Kopf des französischen Betrügers Henri Désiré Landru, der zum Mörder wurde (zwischen 1915 und 1919 tötete er zehn Frauen und legte mehr als 300 von ihnen herein).

Um ihn herum werden Zeichnungen, Gegenstände und zahlreiche Briefe von bekannten Serienmördern (John Wayne Gacy, Ted Bundy, Richard Ramirez ...) und ihren Familien bzw. ihren „Fans" präsentiert, gefolgt von der Nachbildung eines elektrischen Stuhls – den Gründern des Museums ist es bislang nicht gelungen, einen echten Stuhl zu erwerben.

Nach einigen Räumen, in denen die von Bestattern verwendeten Techniken vorgestellt werden, aber auch alte Objekte aus Leichenschauhäusern rund um den Globus und Hunde- und Giraffenskelette neben anderen Kuriositäten zu sehen sind, halten die ersten Autopsiefotos Einzug in diesen makabren Tanz. Letzterer soll uns laut Museumsbesitzern (die 2015 eine Filiale in New Orleans eröffnet haben) „dankbar dafür machen, am Leben zu sein".

Der Horror auf diesen Bildern steigert sich erst allmählich, sodass man sich langsam daran gewöhnt, abgetrennte Köpfe, Aufnahmen von Tatorten und Autounfällen sowie Mörder zu sehen, die neben ihren zerstückelten Opfern posieren. Zum Glück ist das Museum nicht sensationslüstern – sein Ziel ist es zu informieren, und nicht, zu schockieren.

Davon zeugt z. B. der Charles Manson und seiner mörderischen „Family" gewidmete Raum, der ziemlich nüchtern ist. Auch jener, der sich mit den Verbrechen von Jeffrey Dahmer befasst, ist sehr sachlich gehalten, wobei die detaillierten Beschreibungen dem Besucher Schauer über den Rücken jagen. Daneben wirken die Selbstmörderfotos fast schon anrührend.

Das Kabinett der verstorbenen Celebrities (und ihrer treuen vierbeinigen Gefährten, von denen einige ausgestopft im Museum zu sehen sind) lässt den Druck abfallen, ehe es dann noch durch den Souvenirladen geht – wo die Totenköpfe auf den T-Shirts plötzlich ganz lieb und harmlos erscheinen.

HIGH TOWER ELEVATOR ASSOCIATION

⑨

Ein privater Gemeinschaftsaufzug für die Bewohner des Viertels

2178 High Tower Drive – Der Turm ist von der Straße aus sichtbar

Ein Nachbarschaftsjuwel, wie man es nur in Los Angeles findet, mit einem atemberaubenden Panoramablick und einem außergewöhnlichen Gebäude. Und drumherum – so gut wie niemand. Zugang zu diesem vierstöckigen, im Nobelviertel Hollywood Heights gelegenen Turm, der wie ein Leuchtturm anmutet, haben nämlich nur die Anwohner (gegen eine monatliche Gebühr können die

glücklichen Besitzer und Mieter der umliegenden Häuser den privaten Gemeinschaftsaufzug – den einzigen westlich des Mississippis – im Inneren des Gebäudes nutzen). Die Straßen und Treppen sind jedoch für alle zugänglich. Von der Highland Avenue kommend müssen Sie durch den Highland Camrose Park, bevor Sie die Stufen von Alta Loma Terrace in Angriff nehmen. Im Anschluss folgt eine Reihe von Treppen (die nicht durchgehend miteinander verbunden sind), von denen aus man den hübschen Turm aus unterschiedlichen Blickwinkeln sieht. Während des gesamten Spaziergangs ist man von Bougainvilleen, Palmen und einer ausgesprochen europäischen Architektur umgeben. Häufig herrscht hier eine herrliche Stille, die nur vom Gezwitscher der Vögel durchbrochen wird – und dies trotz der Nähe des unterhalb gelegenen Walk of Fame auf der einen Seite und der pulsierenden Hollywood Bowl auf der anderen. Bei Sonnenuntergang bietet das oftmals prächtige Licht einen spektakulären Rahmen für die Stadt, deren Silhouette bis zu den Ausläufern von Downtown zu erkennen ist. Obwohl der Turm, der einem italienischen Glockenturm nachempfunden ist, schon vor einem Jahrhundert gebaut wurde, um den Bewohnern der Hügel den Zugang zu ihren Häusern zu erleichtern, erinnern die Wohnungen und Villen eher an das goldene Zeitalter Hollywoods zwischen 1930 und 1950. Ein aus der Zeit gefallener Ort also, dessen Ruhe so sehr mit dem geschäftigen Treiben auf den umliegenden Hügeln und Treppen kontrastiert, dass seine Entdeckung ein echter Genuss ist. Noch ein Tipp: Selbst wenn Sie sich kein Konzert in der Bowl leisten können, reihen Sie sich ruhig trotzdem in die Schlange ein, die sich abends im Sommer auf das legendäre Amphitheater zubewegt. Nehmen Sie Ihren Picknickkorb mit und biegen Sie kurz vor dem Eingang nach links ab, um sich in den Hügeln zu stärken.

Verborgene Treppen, die zu Hollywoodstars wurden

Am High Tower Elevator (siehe oben) befinden sich unsere Lieblingstreppen. Doch das sind längst nicht die einzigen versteckt gelegenen Stufen: Von Silver Lake bis Pacific Palisades, von Culver City bis Beachwood Canyon, von El Sereno über Echo Park bis hin zu Downtown und Santa Monica gibt es zahlreiche Möglichkeiten für Wander- und Kardiofans. Der Beweis: die durchtrainierten Sportler, die sich morgens und abends in ganz L.A. an diesen Treppen einfinden. Letztere sind manchmal nur schwer zu finden, wenn sie von Vegetation überwuchert sind. Einige von ihnen sind jedoch zu Hollywoodstars geworden – wie z. B. die Music-Box-Treppe (935 Vendome Avenue, Silver Lake, siehe Seite 54), die in Laurel und Hardys oscarprämiertem Kurzfilm *The Music Box* (1932) zum Einsatz kam.

DAS MAGIC CASTLE

Ein wahrhaft einzigartiges Erlebnis

7001 Franklin Avenue – (+1) 323-851-3313 – magiccastle.com
Täglich von 17–1 Uhr; Brunch am Wochenende von 10–15 Uhr
Metro: B Line, Haltestelle Hollywood/Highland

Auch wenn es nicht wirklich versteckt liegt – unweit der Hollywood Bowl und des überfüllten Walk of Fame (mit den berühmten Sternen der Stars) – und seine kitschige Vorderfront ganz ungeniert und von der Franklin Avenue aus gut sichtbar zeigt, ist das Magic Castle vielleicht der ungewöhnlichste Ort in diesem Reiseführer. Dieses seit 1963 schlecht gehütete Geheimnis zeichnet sich vor allem dadurch aus, dass es ein sehr exklusiver und schicker Klub ist, mit Restaurant, Bar, Schule und Zaubertempel, die der Magie in all ihren Formen gewidmet sind. Leider (oder vielleicht auch zum Glück) ist es schwierig, dort für einen Abend Einlass gewährt zu bekommen: In Galakleidung an die Tür zu klopfen, reicht nicht. Dem neugierigen Besucher bieten sich fünf Lösungen an: Mitglied im Privatklub zu sein (nur 5.000 Zauberprofis auf der Welt können sich dessen rühmen), einen Mitarbeiter (Magier inklusive) zu kennen, Unterricht an der Academy of Magical Arts zu nehmen oder von einem Zauberschüler eingeladen zu werden. Die letzte Option ist ein Aufenthalt im *Magic Castle Hotel*, einem erstaunlich modernen 3-Sterne-Hotel direkt neben dem „echten" gotischen Schloss. Aber dadurch verliert das Ganze viel von seiner geheimnisvollen Aura und seinem Charme.

Wenn sich die Tür – die von einer Eulenskulptur bewacht wird – erst einmal dank einer laut ausgesprochenen Zauberformel geöffnet hat, bietet sich Ihnen ein im wahrsten Sinne bezaubernder Anblick: ein Labyrinth aus Nischen, intimen Bars, ein großer Restaurantsaal im ersten Stock, ein Geisterpianist, der auf Zuruf reagiert und Ihre Lieblingsstandards spielt, und überall, oben, unten und im Keller, am Ende von Treppen oder schmalen Gängen, befinden sich kleine Theater – einige mit zehn, andere mit hundert Sitzplätzen, wo sich die besten Vertreter ihrer Zunft von 17 Uhr bis 1 Uhr morgens die Klinke in die Hand geben. Eine Art Mini-Las-Vegan der Magie, ohne Casinos und alles etwas intimer – einschließlich Spukschloss-Atmosphäre. Ein wahrhaft einzigartiges Erlebnis! Aber Achtung: Das Magic Castle hat wahrscheinlich den strengsten Dresscode von ganz Los Angeles (zusammen mit der Oscar-Verleihung): Abendkleider für die Frauen, Anzug plus Krawatte und elegante Schuhe für die Männer. Im lässigen L.A., wo Führungskräfte bei der Arbeit oft Bermuda-Shorts tragen, ist dies eine Seltenheit, die man hervorheben sollte.

Und noch ein Hinweis, falls Sie eine Eintrittskarte ergattern: Da die Barkeeper talentiert und sehr charmant sind (manche führen auch Zaubertricks vor), sollten Sie es bei einem Drink belassen: Auf das teure Restaurant kann man offen gesagt verzichten.

MUHAMMAD ALIS STERN

⑪

Der einzige Stern in Hollywood, über den man nicht laufen kann

6801 Hollywood Boulevard
walkoffame.com
Metro: B Line, Haltestelle Hollywood/Highland

Es war das Jahr 2002, als der bekannteste Boxer dieses Planeten, der 1942 unter dem Namen Cassius Clay geboren wurde und 2016 starb, seinen Stern auf dem berühmten Walk of Fame erhielt. Sportler werden dort nur dann geehrt, wenn ihre Leistungen ausgiebig im Fernsehen gezeigt wurden oder wenn sie auch einen Beitrag zur Welt der Künste geleistet haben – denn Sterne werden nur in den folgenden fünf Kategorien vergeben: Kino, Musik, Radio, Fernsehen und Theater. So ist dort zum Beispiel Magic Johnson vertreten, der seit dem Ende seiner Karriere als Basketballspieler eine eigene Kinokette besitzt. Und es ist die letzte Kategorie – Theater – in der Muhammad Ali seine Auszeichnung erhalten hat – ein legendärer Sportler, der nicht nur seine Kunst, das Boxen, ins Rampenlicht gerückt, sondern auch „ein Leben wie auf der Bühne gelebt" habe, so das Komitee, das diese glänzenden Sterne verleiht. Doch dies ist längst nicht die einzige Besonderheit, die mit seiner Präsenz inmitten dieser Touristenmeile verbunden ist.

Den Stern von Muhammad Ali sollten Sie aber nicht verpassen, denn er ist der einzige, der nicht in den Boden eingelassen ist, sondern etwas versteckt in einer Ecke an der Fassade des Dolby Theatre hängt. Der Athlet, der 1964 zum Islam konvertiert war, hatte um eine Sonderbehandlung gebeten: Niemand solle über den Namen laufen, den er mit dem Propheten aus dem Koran teile. „Ich möchte nicht, dass Leute auf dem Stern herumtrampeln, die keinen Respekt vor mir haben", hatte er anlässlich seiner Hollywood-Krönung der Presse gegenüber erklärt. Sein Stern ist somit der einzige, dem eine solche Gunst zuteilwurde.

Die Synchronschwimmerinnen des Dolby Theatre

Muhammad Ali und Magic Johnson sind nicht die einzigen Athleten, die in der Umgebung des Dolby Theatre präsent sind. Das Theater, das früher Kodak Theatre hieß und Schauplatz der alljährlichen Oscarverleihung ist, weist auf dem Boden immer noch eines der alten Symbole des Film- und Kameraherstellers auf: Abbildungen von Synchronschwimmerinnen, die in schwarzen Marmor eingelassen sind. Um sie zu sehen, müssen Sie die zentrale Treppe einige Etagen nach oben steigen und sich dann über den Lichtbrunnen im Erdgeschoss beugen.

BINGO IM HAMBURGER MARY'S ⑫

Die älteste Charity-Veranstaltung der Stadt

Legendary Bingo
8288 Santa Monica Boulevard, 90046 West Hollywood
(+1) 323-654-3800
bingoboyinc.com oder hamburgermarys.com
Dienstags und mittwochs um 19 Uhr
Donnerstagsabends gelegentlich Zusatzveranstaltungen an verschiedenen Orten in der Stadt
20 Dollar für 11 Bingoscheine (Verzehr optional)
Reservierung wärmstens empfohlen
Anfahrt: US-101 N, Ausfahrt Sunset Boulevard

„Wie lautet der Name des Spiels?"
– BINGO!
– Und wie spielen wir es?
– LAUT!"

Eine Dragqueen mit üppigen Kurven und pinkfarbenem Makeup schreit in ein Mikrofon, und die begeisterte Menge an den Tischen antwortet mit noch lauterem Gejohle. Hier wird Bingo mit viel Geschrei und Applaus kombiniert, und der Sieger jeder Partie muss durch den Saal laufen und bekommt Papierkügelchen von unzufriedenen Verlierern an den Kopf geschmissen. Fünf Mal in der Woche übernimmt Jeffery Bowmans bunte Truppe die Kontrolle im Hamburger Mary's, einer Institution in West Hollywood, dem Schwulenviertel von Los Angeles (eigentlich eine eigenständige Stadt, und seit 1984 die erste Stadt der USA mit einer homosexuellen Mehrheit).

Dieses Erlebnis ist aber keineswegs nur der Gay-Community vorbehalten, sondern hat sich im Laufe der Jahre zum Lieblingstreffpunkt einiger treuer Angelenos entwickelt, die aus dieser zweimal in der Woche stattfindenden Wohltätigkeitsveranstaltung die älteste der Stadt gemacht haben. Touristen sind hier (bisher noch) nicht zu finden, sondern nur Einheimische aller Altersstufen, die sich für einen guten Zweck amüsieren wollen – zum Beispiel um die Brustkrebsforschung zu unterstützen, die Sichtbarkeit der LGBT-Bewegung zu fördern oder eine Obdachlosenunterkunft zu finanzieren. Als wir das zweite Mal dort waren, sammelte gerade ein Verein zur Rettung streunender Katzen Geld, der von sehr honorigen älteren Leuten betrieben wird. Und die Sprecherin des Vereins war sich nicht zu schade, sich mit einer Bingo-Kelle vom Typ Sado-Maso einen sanften Klaps auf den Hintern geben zu lassen: Denn das ist hier die Regel, wenn man einen Fehler macht – und ihr entgeht niemand!

In diesem fröhlichen Durcheinander, wo die Dezibel donnern, stößt man mit den Ellenbogen aneinander, während man leckere Burger und Salate verspeist und dekadente Cocktails trinkt. Um an dem verrückten Spaß teilzunehmen, muss man aber nichts konsumieren – nur einen Tisch reservieren und seine Scheuklappen zuhause lassen, mehr braucht es nicht, um an Jeffery Bowmans ursprünglichem Traum teilzuhaben: Charity-Galas für die Mittelschicht zu veranstalten.

Das Bar-Restaurant hat auch eine Filiale in Long Beach (ohne Bingo) und andere Locations quer über die USA verteilt, darunter auch in San Francisco. Hier wurde 1972 das erste Hamburger-Mary's-Lokal eröffnet, das sich seitdem zu einer Säule der LGBT-Community und -Kultur entwickelt hat.

DIE GILMORE-TANKSTELLE AM *FARMERS MARKET* ⑬

Schwarzes Gold unter der Milchfarm

6333 W 3rd Street
(+1) 323-933-9211 – farmersmarketla.com
Sonntag bis Donnerstag von 10–20 Uhr, Freitag & Samstag von 10–21 Uhr

Während das Open-Air-Einkaufszentrum The Grove nicht gerade für Authentizität steht, ist der angrenzende Farmers Market ein lebendiger Treffpunkt für „Foodies", der mit Aromen aus der ganzen Welt aufwartet.

Ursprünglich befand sich an diesem Ort eine Milchfarm, die einem gewissen Arthur Fremont Gilmore gehörte. Ab 1880 begannen einige benachbarte Landwirte damit, hier einmal in der Woche Parzellen zu pachten, um ihre Produkte an die Anwohner zu verkaufen. Doch im Jahr 1900, als Gilmore nach Wasser für sein Vieh bohrte, machte er eine Entdeckung, die sein Leben und sein Bankkonto verändern sollte: Erdöl! Adieu Farm und Farmer, die Gilmore Oil Company war geboren. In einer boomenden Region, die ihre Entwicklung auf das Automobil ausrichtete, stellte die Ölgewinnung einen beträchtlichen, dauerhaften Geldsegen für seinen Besitzer dar. Seine Bohrlöcher waren damals die produktivsten in Kalifornien und dienten vor allem dazu, die staubigen Straßen der Westküste zu pflastern. Gilmore nutzte seine Marke, deren Logo einen brüllenden Löwen zeigte, zunächst, um sein schwarzes Gold überall in der Umgebung zu verkaufen. Dann kam die erste automatisierte Tankstelle, an der man sich selbst bedienen konnte – eine völlig neue Praxis. Inklusive werbewirksamem Detail: Die Zapfsäulen waren durchsichtig und man konnte sehen, wie die kostbare Flüssigkeit durch die Schläuche floss. Der Erfolg des Salt Lake Oil Fields (so der offizielle Name des Ölfelds, das von einigen geologischen Verwerfungen durchzogen ist und in der Folge vom Sohn der Familie, E. B. Gilmore, ausgebeutet wurde) führte dazu, dass seine Besitzer sich diversifizierten: Autorennen, American-Baseball- und Football-Teams (die L.A. Bulldogs), Filme, Zirkus … ehe 1934 schließlich der Farmermarkt wiedereröffnet wurde. Zur Erinnerung an diese erfolgreichen Jahre markiert nun eine renovierte Tankstelle die Grenze zwischen dem Markt und der Shopping Mall. Die versiegte Ölquelle habe – so der letzte Eigentümer, die Firma Texaco – kurz vor dem Ende der Ölförderung nur noch 30 Barrel am Tag geliefert.

Marilyn Monroe wurde 1953 auf dem Farmers Market zur Miss Cheesecake gekürt.

Das Starbucks-Café in der ehemaligen Tankstelle

Eine andere Tankstelle, die früher der Familie Gilmore gehörte, wurde zu einem Starbucks-Café umgestaltet (an der Ecke Willoughby Avenue und Highland Avenue, im Melrose-Viertel). Sie alleine ist schon einen Abstecher wert, denn der Erhalt der ursprünglichen Gebäudestruktur ist wirklich gelungen.

SEGMENTE DER BERLINER MAUER ⑭

Der größte zusammenhängende Mauerstreifen außerhalb Deutschlands

5900 Wilshire Boulevard
(+1) 310-216-1600 – wendemuseum.org/programs/wall-project

Um es gleich vorwegzunehmen: Dieser Mauerstreifen ist auf jeden Fall einen Besuch wert! Denn die zehn Segmente der Berliner Mauer (Berlin Wall Segments), die vor einem der bekanntesten Museen L.A.s stehen, sind die bedeutendsten Überreste dieses traurigen Symbols des Kalten Kriegs außerhalb Deutschlands. Sie gehören zwar nicht zum gegenüberliegenden LACMA (Los Angeles County Museum of Art), sondern zum Wende Museum mit Sitz in Culver City, trotzdem wäre es schade, sie zu verpassen – auch dank ihrer Nähe zum Museumsviertel Museum Row.

Die besagten zehn Mauerabschnitte befinden sich schräg gegenüber der berühmten Kunstinstallation *Urban Light* (2008), für die der Künstler Chris Burden Straßenlaternen aus den 1920er- und 1930er-Jahren zusammengetragen hat und vor der sich auf der anderen Seite des Wilshire Boulevards tagtäglich Tausende Selfie-Fans versammeln – unweit einiger Foodtrucks, an denen man sich nach dem Besuch des beeindruckenden Kunstwerks stärken kann. Die Segmente wurden 2009 auf Initiative des

Wende Museums mit Street Art bemalt – anlässlich des 20. Jahrestags des Mauerfalls und im Rahmen des sogenannten Wall Projects.

Ein gereizter grüner Bär, die Gesichter von JFK und Ronald Reagan, ein lustiges oranges Männchen, Nelson Mandela, Kugeln in bunten Farben, Graffitis, die aus einem New Yorker U-Bahn-Zug stammen könnten, und eine Verwerfungslinie (die San-Andreas-Verwerfung?) zählen zu den cartoonhaft anmutenden Motiven, die die Mauerreste schmücken. Auf der Rückseite hält Captain America Wache, zusammen mit zwei schwangeren Frauen und einigen *Pixações* – jenen Tags, die in São Paulo, Brasilien, aus der Not heraus entstanden sind.

Als die zwölf Meter langen Segmente ihre Reise nach Südkalifornien antraten, war nur eines von ihnen mit einem Bären bemalt (vom Berliner Künstler Bimer). Die übrigen Mauerstücke verzierten die anderen Künstler erst nach der Ankunft der Segmente auf dem Wilshire Boulevard: unter ihnen der Franzose Thierry Noir, den bereits eine lange Geschichte mit der Berliner Mauer verbindet (siehe Seite 158), Kent Twitchell, Marie Astrid Gonzales und Farrah Karapetian – für die ehemals West-Berlin zugewandte Seite. Die Rückseite wiederum, die früher Richtung Ost-Berlin und DDR zeigte (obwohl damals de facto zwei Mauern und eine militarisierte Pufferzone die beiden Berlins voneinander trennten), wurde von Retna, D*Face und Herakut verschönert. Heutzutage können die Besucher frei von einer Seite der ehemaligen Grenzmauer zur anderen wechseln, ohne sich um Kontrollposten scheren zu müssen.

DIE WARNER-FRESKEN IN DER SYNAGOGE AM WILSHIRE BOULEVARD

15

Von den berühmten Filmmagnaten finanzierte religiöse Gemälde

Wilshire Boulevard Temple
3663 Wilshire Blvd.
wbtla.org
Besichtigungen nach Absprache

Die von der jüdischen B'nai B'rith-Gemeinde besuchte Synagoge, die älteste in Los Angeles, ist auf der längsten Verkehrsader der Stadt sehr leicht auszumachen. Ihre riesige Kuppel im neobyzantinischen Stil, die von A. M. Edelman entworfen wurde, ist weithin sichtbar.

Nach vorheriger Anmeldung kann man sie besichtigen und insbesondere ihre großflächigen biblischen Fresken bewundern, die sich über fast 100 Meter erstrecken und den gesamten Altarraum einfassen. Von Abraham bis zur „Entdeckung" Amerikas durch Christoph Kolumbus – die einzelnen Segmente der Wandmalereien zeigen Szenen und Motive aus der jüdischen Geschichte.

Sie wurden 1929 von den Brüdern Jack, Harry und Albert Warner (den Warner Brothers) in Auftrag gegeben, und zwar bei dem Künstler Hugo Ballin, mit dem sie schon im Bereich der Filmausstattung zusammenarbeiteten. Die Idee zu diesen faszinierenden, von den Warner-Brüdern gestifteten *murals* hatte der Rabbi Edgar Magnin, der von den europäischen Kathedralen und den Hollywood-Kinoproduktionen beeindruckt war. 2013 wurden die Wandgemälde dann mit großer Treue zum Originalwerk restauriert.

Diese Gemälde sind aber nicht nur wegen ihrer ungewöhnlichen Verbindung zur Welt des Films und ihrer üppigen Bildsprache bemerkenswert, sondern auch, weil sie eine Seltenheit in der Geschichte des Judentums sind – denn die Thora verbietet im Allgemeinen biblische Darstellungen in Gotteshäusern (Zweites Gebot des Dekalogs: „Du sollst neben mir keine anderen Götter haben. Du sollst dir kein Kultbild machen, keine Gestalt von irgendetwas am Himmel droben, auf der Erde unten oder im Wasser unter der Erde.").

Der Rabbi hatte seine Entscheidung damals wie folgt begründet: „Die Zeiten, in denen die Menschen keine Bilder verehren durften, liegen hinter uns. Die Synagogen sind in der Regel zu kalt, wir brauchen mehr Wärme und Mystik." Das gewagte Manöver hat sich gelohnt.

WILLIAM ANDREWS CLARK MEMORIAL LIBRARY

(16)

Eine der wichtigsten Sammlungen seltener Bücher in den USA

UCLA, 2520 Cimarron Street
(+1) 310-794-5155
clarklibrary.ucla.edu
Lesesaal: Montag bis Donnerstag von 11.30–16.30 Uhr
Führungen nur nach Vereinbarung
CA-110 West, Ausfahrt W Adams Boulevard

Nun kommen wir zu einer luxuriösen Bibliothek im englischen Barockstil, errichtet nach dem Vorbild der britischen Universitäten, in der kostbare Bücher gehütet werden. Oder wie es Clara Sturak in einem berührenden Essay über den Charme dieses Ortes formuliert: „Eine strahlende Sonne, die [Forscher und Studenten] unwiderstehlich in ihre Umlaufbahn zieht."

Die William Andrews Clark Memorial Library für seltene Bücher, die zur University of California Los Angeles (UCLA) gehört, ist ein gut versteckter Schatz und wahrscheinlich der am wenigsten besuchte von allen.

Die Bibliothek ist an das Center for 17th- and 18th-Century Studies der renommierten Universität angeschlossen und beherbergt unter anderem wunderbare Erstausgaben von Charles Dickens und Jean-Jacques Rousseau, Hunderte unveröffentlichter Briefe von Oscar Wilde und das erste gebundene Manuskript, das sämtliche Stücke William Shakespeares umfasst.

„Egal wie wertvoll die Werke sind, sie sind für die Öffentlichkeit zugänglich", erklärt Scott Jacobs, einer der Bibliothekare vor Ort, der nach Voranmeldung gelegentlich private Führungen in kleinen Gruppen organisiert.

Während die Säle im Erdgeschoss mit ihren Bronzeregalen (um Brände zu verhindern) edel und unnahbar wirken und ihr Wissen in der Zeit konserviert zu sein scheint, entfaltet sich im Untergeschoss, wo alle Bücher eingesehen werden können, der ganze Zauber der Literatur – selbst unter dem wachsamen Auge der Kameras. Wie kann man ungerührt bleiben angesichts der glühenden Briefe, die Wilde an seinen Liebhaber Alfred Douglas geschickt hat? Oder angesichts der Originalausgaben einiger Edgar-Allan-Poe-Gedichte, deren fragile Seiten nur mit viel Feingefühl von den Bibliotheksangestellten angefasst werden dürfen. Bei einigen Ausgaben wird Ihnen aber auch genau gezeigt, wie sie nach allen Regeln der Kunst mit den Werken umgehen müssen. Manchmal sind dabei weiße Handschuhe erforderlich.

William Andrews Clark war der Erbe einer Familie, die im Kupfergeschäft in Montana reich geworden war. Er war als Anwalt tätig und gründete auch das Sinfonieorchester von Los Angeles. Sein Interesse für Literatur veranlasste ihn 1906 dazu, ein Grundstück im Stadtteil West Adams zu kaufen, um dort ein Herrenhaus, eine riesige Bibliothek und eine Unterkunft für seine Bediensteten zu errichten. 1926 schenkte er das Anwesen der UCLA. Bei seinem Tod acht Jahre später im Jahr 1934 verblieb nur die Bibliothek an ihrem ursprünglichen Ort. Das Haus wurde abgerissen, die Unterkünfte der Angestellten wurden verlegt. Heutzutage ist der Ort mit seinen 100.000 seltenen Büchern „einer der außergewöhnlichsten in der Stadt", erklärt Scott Jacobs am Ende der Führung, ehe er die breiten Türen des Gebäudes hinter uns schließt.

DER CARDIFF TOWER

17

Ein Turm zur Tarnung von Ölbohrlöchern

9101 Pico Boulevard

Wie die in der Nähe des LACMA gelegenen beliebten La Brea Tar Pits – sprudelnde Asphaltgruben (samt angeschlossenem Museum), aus denen prähistorische Fossilien geborgen werden – beweisen, sitzt die Stadt Los Angeles auf unzähligen Ölquellen. Doch mit Ausnahme dieser berühmten offen gelassenen Gruben, scheint sie sich ihrer Ölvergangenheit zu schämen. In einigen Vierteln wurden wuchtige Bauten errichtet, um die Bohrlöcher und die damit verbundenen Aktivitäten zu verstecken – wie beispielsweise in Pico-Robertson, einem jüdisch geprägten Stadtteil im Süden von Beverly Hills, wo ein Turm sein Inneres verbirgt. Das hohe Gebäude, das sich an der Adresse 9101 Pico Boulevard befindet und Teil einer Synagoge sein könnte, ist fensterlos. Der Grund: Es beherbergt eine aus 40 Bohrlöchern bestehende Pumpstation, die zur Tarnung mit einer Ummantelung umgeben wurde. Dieser ungewöhnliche Bau, der von Occidental Petroleum errichtet wurde, heißt Cardiff Tower. Es war das erste Gebäude dieser Art in L.A. und wurde 1966 vom damaligen Bürgermeister Sam Yorty eingeweiht. Beim Durchschneiden des Bandes erklärte er, das Bauwerk sei ein „herausragender Beitrag zur Schönheit der Stadt". Heutzutage sind nicht alle dieser Meinung. Anwohner machen sich seit Jahren Sorgen über mögliche giftige Rückstände in der Nähe ihres Wohnortes. Der hiesige Rabbi versucht vergeblich, der Ölgewinnung, von der viele Einwohner gar nicht wissen, dass es sie gibt, einen Riegel vorzuschieben. Er wünscht dem Cardiff Tower ein ähnliches Schicksal wie dem Tower of Hope, dem riesigen Bohrturm auf dem Gelände der Beverly Hills High School: Der hinter einer bunten Blumenfassade verborgene Turm, der von kranken Kindern eines benachbarten Hospitals verziert worden war, hatte 2017 die Ölförderung eingestellt, nachdem die Firma Venoco in Konkurs gegangen war – nicht ohne der Verwaltung vorher mehrere hunderttausend Dollar im Jahr eingebracht zu haben. Der Turm wurde inzwischen mit einer riesigen Plane abgedeckt.

Die Packard Well Site und die Bohreinrichtung am Beverly Center gehören ebenfalls zur ungewöhnlichen Familie von Tarngebäuden im Herzen von L.A., die dem schwarzen Gold geschuldet sind.

Getarnte Offshore-Ölplattformen

In Long Beach gibt es vier vom Hafen aus sichtbare künstliche Inseln, die wie ein Freizeitpark oder moderne bunte Wohntürme anmuten. Wer sie schon einmal gesehen hat, wird nicht erstaunt sein zu erfahren, dass sie von Joseph Linesch entworfen wurden – einem Architekt, der auch an der Gestaltung des ersten Disneyland-Parks beteiligt war. Die Inseln mit dem Spitznamen „Astronaut Islands" sind seit 1965 die einzigen getarnten Offshore-Ölplattformen im ganzen Land.

DAS CELLULOID MONUMENT ⑱

Eine Gruppe, die für die Unabhängigkeit ihrer Stadt kämpfte

352 South Beverly Drive, Beverly Hills
Von den angrenzenden Straßen aus jederzeit sichtbar

Diese ungewöhnliche, fast sieben Meter hohe Gedenkstatue aus Marmor und Bronze ist wie eine Filmrolle geformt, die acht in Stein gemeißelte Berühmtheiten überragt. Man könnte sie leicht für eine der vielen Hommagen der Stadt an die lokalen Kinohelden halten, die das Gesicht von Los Angeles seit Jahrzehnten prägen. Ihre Geschichte ist jedoch sehr viel politischer. Ironischerweise erzählt sie die Geschichte einer Rebellion gegen die sich wie eine Krake ausbreitende Stadt. Die 1960 errichtete Statue würdigt nämlich den Kampf einiger Größen aus der Filmbranche, die dazu beigetragen haben, dass Beverly Hills seine Unabhängigkeit bewahren konnte.

Denn die „Stadt der Stars" wurde zwar 1914 unabhängig, hätte diesen Status aber keine zehn Jahre später schon wieder verlieren und sich in die Megastadt L.A. eingemeinden lassen können, als diese anbot, Beverly Hills mit Trinkwasser zu versorgen – was in Kalifornien essenziell ist. Der reiche Ort, der zum Los Angeles County gehört, bildet eine Art Enklave mit eigenem Bürgermeister und eigener Verwaltung (genau wie West Hollywood). Im Jahr 1923 setzten sich die meisten Einwohner, darunter auch die besagten acht Prominenten, die seit Anfang des 20. Jahrhunderts in diesen berühmten Hügeln residierten, dafür ein, gegen eine mögliche Angliederung zu stimmen. Sie sollten obsiegen.

Die an der Kreuzung von South Beverly Drive, Olympic Boulevard und South Beverwil Drive aufgestellte achteckige Statue, die trotz ihrer Größe eher unauffällig ist (es ist gut möglich, dass Sie im Auto daran vorbeifahren und sie übersehen), zeigt Rudolph Valentino, Will Rogers, Mary Pickford, Harold Lloyd, Fred Niblo, Tom Mix, Douglas Fairbanks und Conrad Nagle in ihren Leinwandkostümen. Zu jedem von ihnen gibt es eine kleine Inschrift, die auf den Namen eines Films verweist, der sie bekannt machte.

DAS HEXENHAUS

Europäische Architektur à la Hollywood

Spadena House (auch unter dem Namen „The Witch's House" bekannt)
516 Walden Drive, Beverly Hills
Privatbesitz

In der Nachkriegszeit der 1920er-Jahre führten der Aufschwung der Filmindustrie, das Abflauen des Industriebooms und die Faszination für diverse typisch europäische Strömungen zur Entstehung des sogenannten *Storybook Style* (Märchenbuchstil). Bei diesen Häusern, die inmitten L.A.s postmoderner Architektur etwas fehl am Platze wirken, handelt es sich um eine „disneyfizierte" Hollywood-Version von Tendenzen, die in England, Frankreich, Flandern und Deutschland ziemlich verbreitet waren – wo der Mittelalterstil gegen Ende des 18. Jahrhunderts sein Comeback feierte. Wie Arrol Gellner in seinem dieser Stilrichtung gewidmeten Buch *Storybook Style* erklärt, „brachte der 1. Weltkrieg zahlreiche junge Amerikaner zum ersten Mal nach Europa, und viele von ihnen waren nach ihrer Rückkehr ganz verzaubert von der romantischen Architektur in Frankreich und Deutschland". Diese idealisierte Vision wurde von Architekten und Artdirectors angepasst – was hier zu bizarren Formen, sehr spitzen Dächern, kleinen Bleiglasfenstern mit schiefen Fensterläden, schrägen Schornsteinen, die der Fantasie der Gebrüder Grimm entsprungen sein könnten, und einem Garten geführt hat, der sich selbst überlassen zu sein scheint.

Der bekannteste unter ihnen war Harry Oliver, ein Artdirector, der 1921 das Spadena-Haus (das nach seinen ersten Besitzern benannt ist) entwarf – ursprünglich für ein Stummfilm-Studio. Es wurde im Laufe der Jahre mehrmals renoviert, vor allem im Inneren – ohne jedoch seinen unheimlichen Charakter zu verlieren und den wie ein Wassergraben anmutenden Teich zu opfern. All das macht es zu einem wunderbar anachronistischen Kuriosum. Da es aber nach wie vor in Privatbesitz ist, kann man es nur von der Straße aus bewundern (und fotografieren).

Andere Gebäude im Storybook Style

Auch heute noch ist es möglich, diese ungewöhnlichen Häuser zu mieten oder zu besitzen, trotz ihrer Filmkulissen-Fassade. In der North Formosa Avenue 1330 etwa ließ Charlie Chaplin 1923 ein Ensemble aus vier Häuschen errichten, die anschließend vermietet wurden (dort wohnten neben anderen Stars auch Judy Garland und Douglas Fairbanks). Walt Disney wiederum soll vom Stil des Restaurants Tam O'Shanter (2980 Los Feliz Boulevard) inspiriert worden sein, wo man sich auch heute noch stärken kann. Und in Silver Lake (2900 Griffith Park Boulevard) gibt es einen aus acht Häusern bestehenden, 1931 errichteten Komplex, der die Zeichner des sechs Jahre danach erschienenen Disney-Films *Schneewittchen und die sieben Zwerge* beeinflusst haben soll. Heute werden diese Gebäude (die unter anderem in David Lynchs Film *Mulholland Drive* zu sehen sind) „Snow White Cottages" genannt.

DAS O'NEILL HOUSE

Ein Haus zu Ehren Gaudis in Beverly Hills

507 North Rodeo Drive – Von der Straße aus sichtbar

In einem Land ohne große architektonische Beschränkungen treibt es Los Angeles mit dem Fehlen von Bauvorschriften auf die Spitze. Seine superreichen Einwohner sind bereit, auch die noch so verrücktesten urbanen Visionen aus dem Boden zu stampfen. Die vorhandenen Stilrichtungen sind vielfältig und reichen von Mid-Century über Storybook und den Brutalismus bis hin zum griechisch-römischen Stil mit kitschiger Note.

In diesem Spiel, in dem es um Originalität um jeden Preis geht, liegt

Beverly Hills ganz weit vorne, und sein außergewöhnlichstes Bauwerk ist zweifellos das O'Neill-Haus auf dem berühmten Rodeo Drive – jener Straße, in der Prominente und reiche Leute aus aller Welt dem Luxusshopping unter Palmen frönen.

Bevor der Rodeo Drive in der Nähe des Wilshire Boulevards abschüssig wird und mit seinen glitzernden Boutiquen wie eine (idealisierte) Mini-Version von Paris anmutet, ist er weiter nördlich, wo er entlang makelloser Alleen verläuft, eine fast normale Straße. Dort ist der Drive einer der Zugänge zu den Beverly Flats, einem Viertel mit Millionen Dollar teuren Häusern, eins unglaublicher als das andere. Das erste Gebäude, an der Ecke zur Park Way, fällt dabei ganz besonders auf. Dieses Bauwerk, das Gaudis Jugendstil nachahmt, besitzt so gut wie keine rechten Winkel, sondern vor allem geschwungene, asymmetrische Linien. Dabei verbarg sich unter dem Zement ursprünglich ein eher traditionelles Gebäude.

Don O'Neill, sein Eigentümer, war Kunsthändler und Fan von Antoni Gaudi. Zusammen mit seiner Frau wollte er das Nebengebäude seines Hauses im Modernisme-Stil des katalanischen Künstlers umgestalten. Dieses „Renovierungsprojekt" sollte sich im Laufe der Jahre aber auf das ganze Anwesen ausdehnen. Leider erging es ihm wie dem spanischen Visionär: Die endgültige Umsetzung seines Traums erlebte er nicht mehr, denn er starb 1985 – drei Jahre bevor seine Frau Sandy O'Neill das Werk mit Hilfe des Architekten Tom Oswalt fertigstellte. Das Gebäude, das eine Reminiszenz an den Park Güell in Barcelona ist und zugleich an eine amerikanische Torte erinnert, die man mit zu viel Sahne überzogen hat, sticht selbst in einer so heterogenen Nachbarschaft hervor. Weißer Zement scheint aus den Antefixen zu strömen, einige *Trencadís* (Mosaiken aus Bruchstücken keramischer Fliesen) schmücken die Fassade mit den ovalen Fenstern und über dem Hintereingang, der sich in der Seitenallee befindet, thront eine Statue.

Die Watts Towers, eine Ansammlung von acht Türmen, die Simon Rodia von 1921 bis 1954 im namensgebenden Stadtteil Watts (im Süden L.A.s, nördlich von Compton) errichtet hat, sind ein weiteres Bauwerk zu Ehren Gaudis. Inzwischen sind sie Opfer ihres eigenen Erfolgs geworden und in jedem Reiseführer zu finden.

FREDERICK R. WEISMAN ART FOUNDATION

21

Die vielleicht schönste Privatsammlung der Welt

Holmby Hills (die genaue Adresse wird bei der Reservierung per Telefon oder E-Mail mitgeteilt)
(+1) 310-277-5321
tours@weismanfoundation.org
weismanfoundation.org/home
Gratisführungen von Montag bis Freitag um 10.30 Uhr und 13.30 Uhr, nur nach Voranmeldung

Magritte, Picasso, Warhol, Rauschenberg, Rothko, Haring, Cézanne, Giacometti, Noguchi, Calder, Kandinsky, Miró – im Herzen einer außergewöhnlichen Villa, eingebettet zwischen Hügeln, verbirgt sich ohne Übertreibung eine der wichtigsten amerikanischen Kunstsammlungen der Nachkriegszeit. Und das Nonplusultra: Nur wenige Menschen wissen von ihrer Existenz.

Der in Minnesota geborene Frederick Weisman war ein sehr erfolgreicher Unternehmer im Vertriebsbereich (in den 1970er-Jahren baute er unter anderem die Firma Mid-Atlantic Toyota auf, den ersten Importeur der berühmten japanischen Automarke in den USA).

Im Laufe der Jahre konnte er – zusammen mit seinen beiden Ehefrauen (erst Marcia Simon, dann Billie Milam, die zeitweise als Restauratorin bei den hiesigen Museen LACMA und Getty tätig war) – eine atemberaubende und sehr kohärente Sammlung zeitgenössischer Kunst zusammengetragen. 1982 kaufte er schließlich diese Villa im Mediterranean-Revival-Stil, um seine schönsten Fundstücke mit anderen zu teilen. Ihm schwebte dabei ein Haus zum Umherflanieren vor, kein steriles Museum.

Das Ergebnis ist spektakulär: An den Wänden, auf dem Boden und sogar an den Decken kann man eine unglaubliche Vielfalt an Gemälden und Skulpturen von außergewöhnlicher Qualität und großer künstlerischer Bedeutung bewundern. Die bekanntesten Künstler des vergangenen Jahrhunderts geben sich hier ein Stelldichein, als hätte die Schönheit des Ortes sie in ihren Bann gezogen.

Haus und Garten sowie eine Dependance auf dem Campus der Pepperdine University in Malibu sind für die Öffentlichkeit zugänglich (nur nach vorheriger Anmeldung).

Ein Teil der Sammlung befindet sich im Weisman Art Museum in Minneapolis, einem eigenwilligen Gebäude auf dem Campus der University of Minnesota. Das Bauwerk zu Ehren Frederick R. Weismans (der ein Jahr später starb) wurde 1993 von Frank Gehry entworfen und sieht aus wie eine eckige Version der Walt Disney Concert Hall in L.A., das Meisterwerk des Architekten, womit sich der Kreis schließt. Mehr als 25.000 Kunstwerke aus privaten und öffentlichen Sammlungen buhlen hier um Aufmerksamkeit.

DER MONATLICHE BESUCH IN DER GREYSTONE MANSION

22

Der berühmte Schauplatz eines nie aufgeklärten Verbrechens

905 Loma Vista Drive
(+1) 310-286-0119 – greystonemansion.org
Park im Winter täglich von 10–17 Uhr geöffnet, im Sommer bis 18 Uhr
An Thanksgiving, Weihnachten und bei Dreharbeiten geschlossen
Das Herrenhaus kann nach Voranmeldung einmal im Monat besichtigt werden
Jährliche Mystery-Abende: „Guess Who's Coming to Dinner?" *(theatre40.org)*

Spider-Man, Columbo, Alias, Austin Powers, The Social Network, Die Muppets, Air Force One, Mission Impossible, X-Men (die berühmten Gärten von Professor Xaviers Schule), ganz zu schweigen von den zahllosen Musikvideos und Fernsehsendungen: Das Greystone Mansion, sowie der Park, der das Haus umgibt, sind wohl die am

häufigsten verwendeten „natürlichen" Filmkulissen Hollywoods. Und auch wenn viele Kinofans den Ort mit geübtem Blick vom Sofa aus wiedererkennen, machen sich nur wenige Einheimische die Mühe, es tatsächlich zu besuchen – und kaum einer kennt seine Geschichte.

Während das Herrenhaus nur gelegentlich bei besonderen Veranstaltungen (Musik, Theater etc.) bzw. einmal im Monat mit einem Ranger besichtigt werden kann, ist der Park das ganze Jahr über öffentlich zugänglich, bei freiem Eintritt. Er bietet den Luxus von Beverly Hills – ohne Stars und Paparazzi, dafür umgeben von prächtigen Gärten im englischen Stil. Unterhalb des Anwesens eröffnet sich den Besuchern ein herrlicher Blick auf die Beverly Flats und West Hollywood, mit der Skyline Downtowns am Horizont.

Ein mysteriöser Mordfall, der einmal im Jahr als Theaterstück inszeniert wird

Das Herrenhaus im Tudor-Rival-Stil war Schauplatz eines echten Dramas: 1929, fünf Monate nach seinem Einzug, soll Edward „Ned" Doheny, der Eigentümer des Anwesens, hier von seinem Assistenten Hugh Plunkett, der hinterher ebenfalls tot aufgefunden wurde, ermordet worden sein. Lucy Smith, Neds Witwe, heiratete danach erneut und blieb in den 55 Räumen – die sich über eine Fläche von 4.300 m² erstrecken – wohnen, während Polizei und Journalisten weiter in dem mysteriösen Greystone-Mordfall recherchierten, der nie richtig aufgeklärt wurde. Jedes Jahr im Januar ist es möglich, an einer kostümierten „Aufführung" namens *Guess Who's Coming to Dinner?* teilzunehmen – eine Art lebensgroße Cluedo-Party, bei der Schauspieler die Tat nachstellen. Wie in Hollywood üblich gibt es auch andere Versionen des Tathergangs: Sie reichen vom Selbstmord des Erben nach einem Bestechungsskandal, in den auch sein Vater, ein Ölmogul, verwickelt war, bis hin zu einer verbotenen Liebesgeschichte, die ein böses Ende genommen haben soll …

Das Herrenhaus diente als Inspiration zu einem Roman – der später dort verfilmt wurde

Ned Dohenys Vater, Edward L. Doheny, inspirierte den Schriftsteller Upton Sinclair 1927 zu seinem Roman *Oil!* (dt. Titel *Öl!*), den Paul Thomas Anderson 2007 mit *There Will Be Blood* frei fürs Kino adaptierte. Einige Szenen daraus wurden im Greystone Mansion gedreht – wie etwa der berühmte Showdown auf der Bowlingbahn, die sich tatsächlich im Untergeschoss des imposanten Hauses befindet.

DIE PLATTE, DIE DIE GENAUE STADTMITTE MARKIERT

23

Dieser Schatz ist nicht leicht zu finden

Franklin Canyon Park

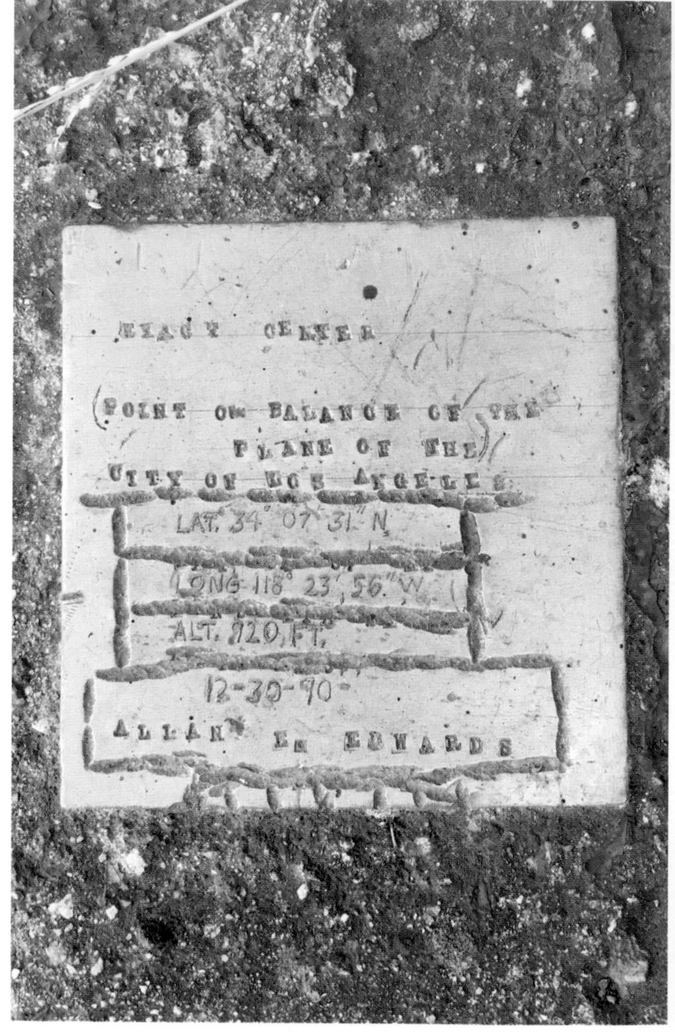

In ihrer 1937 erschienenen Autobiografie schrieb die feministische Autorin und Kunstsammlerin Gertrude Stein über den Ort ihrer Kindheit, Oakland: „*There's no there there*". Dieser Satz ist inzwischen in die amerikanische Alltagssprache eingegangen und er besagt, dass ein Ort oder eine Situation keine nennenswerten Merkmale aufweist. „Los, weiter, hier gibt es nichts zu sehen", gewissermaßen. Der Aphorismus wird oft auf diese Ecke Kaliforniens angewandt. Los Angeles wird von Touristen nämlich regelmäßig als uninteressant kritisiert, da es kein richtiges Zentrum habe. Und tatsächlich, was ist denn nun das Zentrum von L.A.? Ist es Downtown? Hollywood? Santa Monica? Griffith Park? Mid City? Der Flughafen LAX? Wo liegt sein wahrer Mittelpunkt versteckt?

Um diese drängende Frage zu beantworten, fertigte Allan Edwards, von Beruf Geologe und Touristenführer, 1990 eigenhändig eine Metallplatte an, die er mitten im wenig bekannten Franklin Canyon Park auf der Erde installierte. Sie wurde zwar vom National Park Service nie anerkannt, gilt heute aber trotzdem als inoffizielles topografisches Zentrum der Stadt.

Um sie ausfindig zu machen, braucht man Geduld und Entschlossenheit. Parken Sie auf dem Hauptparkplatz des Parks (ein staubiger, nicht asphaltierter Bereich, um genau zu sein) und begeben Sie sich dann zu Fuß zum zweiten, weiter oben gelegenen Teil des Parkplatzes. Von dort aus nehmen Sie den Chaparral Trail, einen sehr steilen Pfad, auf dem Sie schon nach etwa 20 Metern nach rechts abbiegen müssen. Ein kleiner Graben mit einem großen Busch links daneben markiert den Beginn eines anderen, parallel verlaufenden Weges, wo eine hübsche Holzbrücke auf Sie wartet. Danach treffen Sie dann wieder auf den Hauptweg.

Dort, auf einem kleinen Erdhügel, befindet sich die besagte Platte, von der nur sehr wenige Einheimische und Touristen schon einmal gehört haben. Glückwunsch! Sie gehören nun zum noch exklusiveren Kreis all jener, die das Schild sogar schon einmal gesehen haben. Auf Letzterem sind die Worte „*Exact Center. Point of balance of the plane of the city of Los Angeles*" eingraviert, gefolgt von den GPS-Koordinaten und dem Datum 30. Dezember 1990. Den Abschluss bildet Allan E. Edwards Name. Dies wird Ihnen zwar nicht allzu viel bringen – außer der großen Genugtuung, mitten in der Natur das Zentrum einer Stadt ohne Zentrum betreten zu haben: Letzten Endes gibt es also doch ein „*there there*".

DIE RAKETENABWEHRSTATION LA-96C

(24)

Eine Wanderung auf den Spuren des Kalten Kriegs

San Vicente Mountain Park
17500 Mulholland Drive, Encino
(+1) 310-858-7272
mrca.ca.gov/parks/park-listing/san-vicente-mountain-park
Ganzjährig geöffnet und zugänglich

Wenn man den San Vicente Mountain Park erkundet, der zwischen Bel-Air und Encino in den Bergen oberhalb von Santa Monica liegt, sind die ersten Kilometer dieses Rundwegs (der 14 Kilometer lang ist) nicht besonders aufregend.

Erst oben auf dem Gipfel, am Rande des unbefestigten Teilstücks des Mulholland Drive, springen einem seltsame Gebilde ins Auge – die aus einem militaristischen Propagandafilm stammen könnten und sich als Radarplattform, Antennen und Wachturm entpuppen.

Der 360°-Panoramablick erfolgt nämlich von einer echten Raketenkontrollstation aus, deren Hinweistafeln die martialische Wahrheit enthüllen: Von 1956 bis 1968, mitten im Kalten Krieg, war Los Angeles von 16 Militärbasen umgeben. Radargeräte und Computersysteme namens *Nike Ajax* (die nach der griechischen Siegesgöttin und dem berühmten griechischen Helden benannt sind) dienten zur Abwehr russischer Flugzeuge. Im Falle eines atomaren Angriffs sollten sie die Überschallraketen der Abschussbasis im Sepulveda Basin lenken und feindliche Flugkörper sofort abfangen. Tatsächlich wurde nie eine einzige Rakete abgefeuert. Viele der jetzigen Bewohner wissen nicht einmal, dass die Stadt früher von einem aus Militärbasen bestehenden Schutzring umgeben war.

Damals aber war die angekündigte Apokalypse das beherrschende Thema in allen Zeitungen und Nachrichtensendungen. Die Angst vor einem nuklearen Angriff aus dem Westen oder Norden lähmte die Gemüter. Videos forderten die Bevölkerung auf, sich bei Sirenengeheul in Sicherheit zu bringen, und das Personal auf den Stützpunkten wachte im Auftrag des Pentagon über die Städte.

Seit Ende der 1960er-Jahre galt das *Nike*-Abwehrprogramm jedoch als obsolet – dank der Entwicklung ballistischer Raketen, den neuen Abwehrwaffen der anhaltenden nuklearen Bedrohung. LA-96C wurde – zusammen mit den 15 anderen Militärbasen – dem Bundesstaat Kalifornien übereignet, um sie zu Regionalparks umzugestalten. Dies geschah auf Betreiben von Naturschutzorganisationen, die diese Orte trotz des Widerstands der US-Regierung der Öffentlichkeit zugänglich machen wollten. Doch nicht alle Abwehrstationen ereilte das gleiche Schicksal: Aus dem Stützpunkt in Malibu beispielsweise wurde ein Trainingscamp für die lokale Feuerwehr und Fort MacArthur ist heute ein Museum.

Noch ein Tipp: Man kann an diese beeindruckenden Relikte des Kalten Kriegs auch mit dem Auto heranfahren, indem man auf dem Parkplatz direkt vor Ort parkt, etwa einen Kilometer westlich des nicht asphaltierten Teilstücks des Mulholland Drive. So können Sie in die Geschichte eintauchen, ohne eine ziemlich anstrengende Wanderung machen zu müssen.

DIE HEILIGEN QUELLEN DES TONGVA-VOLKES

(25)

Auf dem Gebiet der Ureinwohner

Serra Springs
11800 Texas Avenue
(+1) 916-445-7000 – ohp.parks.ca.gov/ListedResources/Detail/522
Vom Sportplatz der Highschool aus permanent sichtbar

Nachbildung einer Tongva-Siedlung
Heritage Park, 12100 Mora Drive, Santa Fe Springs
(+1) 562-946-6476 – santafesprings.org
Mai bis Oktober: Montag bis Freitag von 8–20 Uhr, Samstag & Sonntag von 9–20 Uhr
November bis April: Montag bis Freitag von 8–17 Uhr, Samstag & Sonntag von 9–17 Uhr
Park an Feiertagen geschlossen

Als sich die ersten spanischen Siedler in der Region niederließen, um die Mission San Gabriel Arcángel zu gründen (die vierte spanische Mission in Kalifornien, eröffnet 1771), lebte das indigene Volk der Tongva bereits seit mehr als 2.500 Jahren auf diesem Gebiet. Die Unterwerfung durch die Spanier führte dazu, dass sie zum Katholizismus übertreten und zur Mission ziehen mussten, wo sie trotz zahlreicher Rebellionsversuche in *Gabrieleños* umbenannt wurden. Früher hatten ihre Dörfer die gesamte Küste und das Los-Angeles-Becken überzogen. Rund um Flüsse und Quellen bildeten sie komplexe Gemeinschaften.

Zwei dieser Quellen befinden sich auf dem Gelände der University High School, gut versteckt in einer Art verwildertem Unterholz, zwischen Unterrichtsräumen und dem Sportplatz, auf dem die Schüler trainieren. Um sie zu sehen (durch einen Drahtzaun hindurch), müssen Sie auf dem Parkplatz der Highschool parken und am Rasen des Sportplatzes entlang zur nordöstlichen Ecke laufen. Hinter üppiger Vegetation verborgen und in der Nähe eines schlichten Schilds mit der Nummer 522 (alle denkmalgeschützten historischen Stätten in L.A. sind nummeriert) liegen die beiden Quellen.

In Santa Fe Springs beherbergt ein Teil des kürzlich renovierten Heritage Parks eine sehr wichtige Stätte für die Ureinwohner dieser Region. Inmitten von Bäumen wurde eine typische Tongva-Siedlung nachgebaut. Da die Tongva keine Nomaden waren, lebten sie auch nicht in Tipis. Stattdessen kann man hier eine ihrer Hütten und ein Kanu bestaunen, die aus Weidenruten und Schilf gefertigt wurden. Auch wenn es sich dabei nicht um originale Objekte handelt, so stehen sie doch auf dem Land, das die Vorfahren der Tongva vor ihrer Vertreibung besiedelt haben – was den Ort zu einer bewegenden Stätte macht.

Das Indianermuseum – und das der Cowboys

Die interessantesten Artefakte dieser fast untergegangenen Kultur sind im Southwest Museum of the American Indian (234 Museum Drive, Mount-Washington-Viertel) zu sehen – ein tolles Museum, das 1914 vom Anthropologen und Journalisten Charles Lummis eröffnet wurde, der auch der Gründer der *Southwest Society*, des kalifornischen Zweigs des Archaeological Institute of America war. Wer die Geschichte aus der Perspektive der Sieger dieser blutigen Eroberung des Westens betrachten möchte, sollte sich ins Autry Museum of the American West (Griffith Park, 4700 Western Heritage Way) begeben. Dort wird den Cowboys mehr Raum gewährt als den Indianern.

DIE TONFIGUREN DES BHAGAWADGITA-MUSEUMS

(26)

Geheimnisse und Mysterien eines umstrittenen Zweigs des Hinduismus

3764 Watseka Avenue
(+1) 310-845-9333 – bgmuseum.com
Täglich außer dienstags 11–16 Uhr
Restaurant Montag bis Samstag von 11–15 Uhr und von 17–20.30 Uhr geöffnet
Metro: E Line, Haltestelle Palms

Als Kernteil des Mahabharata – ein altindisches Nationalepos, das als längstes Gedicht der Welt gilt – ist die Bhagawadgita eine der zentralen Schriften des Hinduismus. Sie ist eine Mischung aus historischen, mythologischen und philosophischen Erzählungen und wird auch heute noch von Millionen Menschen in Indien und rund um den Globus verehrt.

Das besagte Museum wurde 1977 im Herzen einer sehr aktiven Hare-Krishna-Gemeinde in Culver City eröffnet. Es zeigt elf Dioramen, die Szenen aus dem heiligen Buch nachstellen. Zur Erinnerung: Während diese Bewegung in Indien einfach als Zweig des Hinduismus angesehen wird, bezeichnet man sie im Westen sehr oft als Sekte.

Swami Prabhupada, der damalige Leiter und Gründer der *Internationalen Gesellschaft für Krishna-Bewusstsein* in New York, war mehrere Male in sein Heimatland zurückgekehrt, um die im alten Indien verwendeten Techniken zu erlernen und sie dann nach Amerika zu importieren. Die Tonskulpturen wurden also vor Ort von hiesigen Jüngern angefertigt. Aus den Basismaterialien Bambus, Stroh, Lehm und Reishülsen entstanden realistische Figuren mit ausdrucksstarken Gesichtern, die anschließend von Hand bemalt wurden und teilweise mit einem elektrischen Motor ausgestattet sind. So lassen sie sich individuell zum Leben erwecken und mit Musik untermalen. In einem geheimnisvollen, etwas unheimlichen Halbdunkel können Sie bei einem 45-minütigen Besuch mit Audioführung frei zwischen den Dioramen hin- und herspazieren, ihre Geschichte lesen und mehr über den Transzendentalismus erfahren. Darüber hinaus werden zwei Führungen von 60 bzw. 90 Minuten Dauer angeboten: Sie geben einen vertieften Einblick in die Themen und Ideale dieser wenig bekannten Glaubensgemeinschaft. Letztere Option beinhaltet auch ein leckeres Essen, das Sie im dazugehörigen vegetarischen Restaurant Govinda genießen können. Für besonders materialistisch veranlagte Besucher betreiben die Gläubigen außerdem einen Souvenirladen voller Schmuck, Kleidung, Musikinstrumente, Bücher und CDs, die der indischen Kultur und ihren verschiedenen Religionen und Philosophien gewidmet sind.

DAS MUSEUM OF JURASSIC TECHNOLOGY

(27)

Eine Wunderkammer voller mysteriöser Relikte

9341 Venice Blvd. – (+1) 310-836-6131 – mjt.org
Donnerstag & Freitag von 14–20 Uhr und Samstag & Sonntag von 12–18 Uhr
(Besuch nur nach Voranmeldung auf der Website möglich)

Dieses Museum zu beschreiben, ist ein Ding der Ummöglichkeit – und genau das ist auch die Idee dahinter. Gemäß eigener Darstellung

versteht sich das Museum of Jurassic Technology „als Bildungseinrichtung zur Förderung des Wissens und der öffentlichen Wertschätzung des Unteren Juras“. Wie diese Zielsetzung mit seinen sorgfältig gepflegten Sammlungen zusammenhängt, gilt es noch herauszufinden.

Tatsache ist, dass empirische Belege in dieser Wunderkammer, die wie ein Labyrinth anmutet, dünn gesät sind. Hier werden abgedrehte Fiktionen neben fantastischen Realitäten gezeigt und mit gedämpfter, pseudowissenschaftlicher Ehrehrbietung präsentiert.

Das 1988 von dem Künstler- und Restauratorenehepaar Diana und David Hildebrand Wilson gegründete Museum versteckt sich hinter einer unscheinbaren Hausfassade in Culver City. Auf zwei Stockwerken beherbergt dieser Kuriositätentempel hunderte geheimnisvoller Relikte nebulöser Herkunft, die ungeniert die Grenzen zwischen Realität und Fiktion verwischen. Gezeigt werden Dioramen, in denen die Mobile Homes von Los Angeles – jene fahrbaren Behausungen, die auf eine eventuelle Apokalypse vorbereitet sind – im Miniaturformat zu sehen sind; eine Fruchtsteinschnitzerei mit Kreuzigungsszene; eine Hommage an die Hunde des sowjetischen Raumfahrtprogramms und eine verrottende Würfelsammlung, die dem Magier Ricky Jay gehörte. Diese Objekte sind nur die Spitze des alchemistischen Eisbergs.

Kommen Sie, um sich die Kuriositäten anzuschauen, und verweilen Sie danach bei einer Tasse Tee in der friedlichen Voliere auf dem Dach – ein Refugium, das zu den ungewöhnlichsten Orten der Stadt gehört.

© Sgerbic

DIE WOHNUNG AUS *THE BIG LEBOWSKI*

㉘

Der „Dude“ hat überall seine Spuren hinterlassen

608 Venezia Avenue, Venice, CA 90291
Das Haus ist von der Straße aus sichtbar
Metro: E Line, Haltestelle Palms

The Big Lebowski, der Kultfilm der Coen-Brüder aus dem Jahr 1998, verfügt über eine große Fangemeinde und seine Anhänger lieben es, in Gesprächen den einen oder anderen Spruch zum Besten zu geben.

Die verrückten Geschichten des von Jeff Bridges gespielten „Typs" (*The Dude* auf Englisch) führen ihn in die verschiedensten Ecken von Los Angeles. Doch den Beginn seines Abenteuers erlebt er in diesem kleinen Haus: also an jenem Ort, an dem ihm zwei Schlägertypen auf den Teppich urinieren, weil sie ihn mit einem anderen Lebowski verwechseln. In Wirklichkeit handelt es sich jedoch um einen aus sechs kleinen Bungalows bestehenden Komplex, der seit den Dreharbeiten übrigens schon mehrfach verkauft wurde – zuletzt 2012 für die stolze Summe von 2,3 Millionen Dollar. Heutzutage könnte sich der Dude, ein arbeitsloser Müßiggänger und Bowlingfan, die Miete in einem solchen Viertel, das zum Inbegriff des hippen L.A.s geworden ist, kaum noch leisten.

Während die Innenaufnahmen des Films in Kinostudios in West Hollywood gedreht wurden, befinden sich die weiß gestrichenen Spitzdächer des „Big Lebowski Compounds", wie der Komplex seither von Immobilienmaklern genannt wird, in der kleinen, zwischen dem Venice Boulevard und dem Abbot Kinney Boulevard gelegenen Venezia Avenue. Die Straße selbst ist ebenfalls im Film zu sehen, zum Beispiel als Jeff Bridges in die Limousine seines reichen Namensvetters gezerrt wird oder als er entdeckt, dass er von einem Detektiv verfolgt wird.

Pilgertour für Dude-Fans

Zu den anderen „Big-Lebowski-Pilgerstätten", die eingefleischte Fans des Films unbedingt sehen möchten, gehört die prächtige Sheats-Goldstein Residence mit ihrem Schrägdach aus dreieckigen Betonfeldern (ein in den Holmby Hills gelegenes Meisterwerk modernistischer Architektur). Oder auch Johnie's Coffee Shop, ein archetypischer Diner, der im Jahr 2000 geschlossen wurde und nun anderen Hollywoodproduktionen als Kulisse dient. Und nicht zu vergessen die „Versunkene Stadt" in San Pedro (siehe Seite 222), wo die Asche des von Steve Buscemi gespielten Donny von seinen Freunden am windigen Klippenrand verstreut wird. Des Weiteren spielt der Film auch noch im Salon und auf den Treppen und Fluren des sehenswerten Greystone Mansion (siehe Seite 106). Lauter kulturelle Highlights, die Los Angeles zu einem einzigartigen Spielplatz für kinobegeisterte Schatzsucher machen – und das nicht nur für Fans der Coen-Brüder.

DAS MOSAIK-HAUS

(29)

Ein verrücktes Haus voller Trencadís

The Mosaic Tile House, 1116 Palms, Venice
cheripann.com – Samstags von 12–15 Uhr, nur nach Voranmeldung
Für Kinder unter 12 Jahren gratis

Sein Humor wirkt ansteckend: Wenn der Künstler Gonzalo Duran, der Eigentümer dieses unglaublichen Hauses in Venice ist, interessierte Personen herumführt, betont er fröhlich, dass er zusammen mit seiner Frau Cheri Pann das ganze Jahr über hier lebt. Dabei scheint das Miteinander von Mensch und Materie schon beim Betreten des Gartens nicht gerade ideal zu sein: Überall wurden Stücke aus Glas, Porzellan, Keramik und Metall (für die wenigen Türen) angebracht, und von den Bäumen hängen Objekte herab, was dem Besucher das

Umherspazieren erschwert. Um in den Innenhof zu gelangen, muss man sich bücken, und in der Küche sollte man möglichst nichts berühren, da alles so zerbrechlich erscheint. Das für diese einzigartigen Mosaiken verwendete Material ist teils unbearbeitet, hier und da wurden sogar ganze Tassen oder Figuren angeklebt – was Haus, Atelier und Durchgänge wie eine ständig in Bewegung befindliche Schlange wirken lässt, die bereit ist, die Besucher zu verschlingen. Der Hinterhof mit den von Cheri gemalten Porträts und den lustigen Maschinen mutet luftiger an. Letztere hat Gonzalo gebaut, der den Rundgang mit einer Reihe von Witzen fortsetzt. Danach findet noch das Selfie-Ritual im Durchgang statt – die mit Glasscherben bedeckten Mauern, die das eigene Spiegelbild reflektieren, verleihen den Fotos eine originelle Note. Die Amerikanerin Cheri, die aus dem Viertel Boyle Heights stammt, hat Farben zu ihrem Lebensmittelpunkt gemacht – sie malt und druckt in einer Tour. Die Arbeit an dieser unendlichen Aneinanderreihung von Mosaiken begann 1994, nach dem Erwerb des Hauses, dessen Garten auch Platz für ein Atelier bot. Seither hat die Kunst das gesamte Grundstück erobert. „Wir haben mit dem Badezimmer angefangen, wo wir kleine Fliesen verlegen wollten, und danach haben wir einfach weitergemacht", sagt der 74-jährige Gonzalo Duran, der in Mexiko geboren wurde und in East Los Angeles aufgewachsen ist. Das Ehepaar hofft, dass ihr einzigartiges Haus eines Tages in die nationale Liste historischer Stätten der *Cultural Heritage Commission* aufgenommen wird. Doch in der Zwischenzeit bezaubern die *Trencadís* à la Gaudi weiterhin die Besucher. Die beiden anerkannten Künstler scheinen sich in dieser Kunstform nicht im Geringsten zu verlieren oder das Ganze als überladen zu empfinden. „In all dem gibt es ein Gleichgewicht, und wir finden uns darin wieder", erklärt Gonzalo am Ende des Besuchs mit einem verschmitzten Lächeln.

Phantasma Gloria

Diese unglaubliche sieben Meter hohe Skulptur namens *Phantasma Gloria*, die aus Flaschen und Glasobjekten besteht, ist von der Straße aus im Garten eines Hauses im Stadtteil Echo Park zu sehen. Sie ist das sich ständig weiterentwickelnde Werk des Künstlers Randlett Lawrence (Randy), der Sie gern durch seinen bunten Garten Eden führen wird – vorausgesetzt, Sie haben vorher einen Termin vereinbart. Ein echtes Schmuckstück.

1648 Lemoyne Street
de-de.facebook.com/RandylandLA
+1 213-278-1508
Besichtigungen nur am Wochenende von 10–16 Uhr

DIE REGENBOGENFARBENE RETTUNGSSTATION AM VENICE BEACH

30

Eine berührende Hommage an einem der berühmtesten Strände L.A.s

Venice Pride Flag Lifeguard Tower
998 Ocean Front Walk, in Venice (am Ende der Brooks Avenue)
(+1) 424-330-7788 – venicepride.org
Täglich von 7–20 Uhr
Metro: E Line, Haltestelle Downtown Santa Monica

Man muss nicht Teil der LGBTQI+-Community sein, um sich an den originellen Farben der am Ende der Brooks Avenue gelegenen Rettungswache zu erfreuen. Mit ihrem bunten Regenbogenkleid ist diese Hütte à la *Baywatch* – der Fernsehserie, in der die berühmten Rettungsschwimmer von Malibu zum Einsatz kamen – sicher die Instagram-tauglichste an der gesamten kalifornischen Küste. Darüber hinaus ist ihre Geschichte, die mit einer Hommage verbunden ist, ziemlich speziell und anrührend.

Flashback: Der Westen der Stadt war viele Jahre lang ein Zufluchtsort für Menschen „am Rande der Gesellschaft". Doch als West Hollywood 1984 zur ersten „Gay City" des Landes wurde, setzte langsam eine Abwanderung nach Osten ein. Das Ausmaß war so groß, dass die letzte Schwulenbar der Westside 2016 ihre Pforten schloss.

Um die Community westlich der Interstate 405, die zwei sehr unterschiedliche Auffassungen vom Leben in L.A. trennt, wiederzubeleben, dachte sich die *Venice Pride Organization* noch im selben Jahr eine Reihe von Veranstaltungen aus. So wurden etwa die Künstler Patrick Marston und Michael Brunt damit beauftragt, einem der berühmten, traditionell himmelblau gehaltenen Rettungstürme im Pride-Monat einen neuen Anstrich zu verleihen. Dieser Strandabschnitt war nämlich, das sollte man noch erwähnen, erst kurz zuvor in Bill Rosendahl Memorial Beach umbenannt worden.

Bill Rosendahl war von 2005 bis 2013 Mitglied im Los Angeles City Council. Er lebte offen homosexuell und hatte unter anderem die Expo Line ins Leben gerufen, die nun das Stadtzentrum mit dem Strand verbindet. Bevor er sich dem öffentlichen Amt widmete, war Rosendahl als Universitätsdozent und Fernsehmoderator tätig. Er starb 2016. Der Turm, der eigentlich nur vorübergehend „herausgeputzt" werden sollte, wurde anschließend vom Schauspieler und Aktivisten Colin Campbell gerettet: Um dessen leuchtend bunte Farben zu erhalten, brachte Campbell eine Petition in Umlauf.

Das bunte Wachhäuschen ist jetzt dauerhaft gesichert. Sie können also Ihren schönsten Badeanzug überstreifen, um die Vielfalt in Venice Beach zu feiern. Und vergessen Sie Ihre Kamera nicht! Wenn Sie es schaffen, den Regenbogen-Turm und die berühmten roten Bojen aus einer der bekanntesten Serien des Landes zusammen aufs Foto zu bekommen, können Sie zwei Fliegen mit einer Klappe schlagen.

DAS „OFFIZIELLE" ENDE DER ROUTE 66

31

Mehrere Streckenverläufe sind möglich

An der Kreuzung Lincoln Boulevard und Olympic Boulevard in Santa Monica
Die anderen Adressen liegen verstreut zwischen Santa Monica und Needles, der letzten Stadt vor der Grenze zu Arizona

Im Unterschied zu den anderen Bundesstaaten, die sie durchquert, ist die Route 66, so legendär sie auch sein mag, in Kalifornien nicht ganz einfach zu verfolgen – besonders, wenn man vom Santa Monica Pier aus startet, wo ein fotogenes Schild ihr Ende markiert (oder ihren Beginn, je nachdem, ob Sie von Osten nach Westen oder in die umgekehrte Richtung fahren). Schuld daran sind die im Laufe der Jahre vorgenommenen „Anpassungen", vor allem als die Autobahnen um L.A. herum und im Zentrum der Stadt gebaut wurden, wodurch sich immer mehr mögliche Routen von Downtown bis Pasadena ergaben. Ursprünglich befand sich das Ende nämlich gar nicht auf dem berühmten Pier, sondern an der Kreuzung Lincoln Boulevard und Olympic Boulevard, weit weg vom

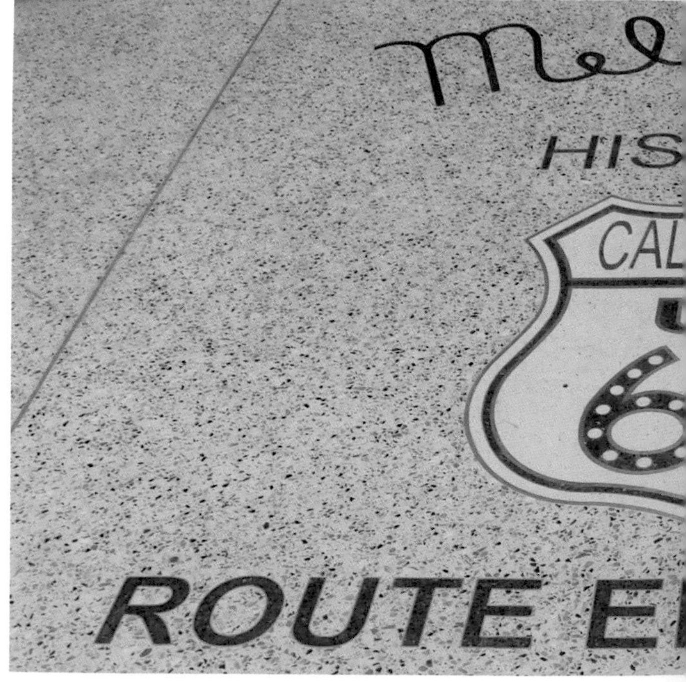

Strand. Erst später wurde eine künstliche Verbindung zum Pazifischen Ozean geschaffen. An diesem ursprünglichen, von Fans und Bikern verehrten Ort stand früher ein alter Diner im Googie-Stil, der Penguin Coffee Shop hieß, und in dem 1991 eine Zahnarztpraxis eingerichtet wurde. Vor Kurzem wurde das Ganze dann von einer Fast-Food-Kette übernommen, die gut sichtbar eine Bodenplatte mit dem Verweis auf das „wahre" Ende der Route anbringen ließ – das von 1936.

Weiter östlich, in Highland Park, gibt es eine weitere Unstimmigkeit: Drei verschiedene Streckenabschnitte sind denkbar. Eine Anpassung aus dem Jahr 1932, ein Teilstück entlang der Figueroa Avenue (1936–1940) und schließlich eine Abzweigung zum Arroyo Seco Parkway (1940–1964), ehe diese Straße zur ersten Autobahn entlang der Route 66 wurde.

Die ersten Kilometer auf dem Weg nach Needles, der letzten Stadt vor der Grenze zu Arizona, sind zwar nicht besonders spektakulär, doch sie bieten einige Attraktionen, wie etwa die Villen und Neonschilder in Pasadena, das *Wigwam Motel* mit seinen Tipis, das erste McDonald's-Restaurant der USA in San Bernardino (inzwischen ein Museum zu Ehren der Brüder Richard und Maurice McDonald, der beiden Gründer der Fast-Food-Kette) und die orangenförmigen Kioske in Fontana.

GRUNION RUN

Wenn der Strand im Mondlicht funkelt

Von Ende März bis Anfang Juni an zahlreichen Stränden im Los Angeles County und in ganz Südkalifornien
Das Programm und die besten Stellen finden Sie auf californiabeaches.com

Zwischen Ende März und Anfang Juni finden sich am Strand von Santa Monica regelmäßig mitten in der Nacht Trauben von Menschen ein, die dick eingemummt sind, Stirnlampen tragen und Eimer dabeihaben. Ganze Familien kommen zusammen, um einen Fisch zu fangen, der nur hier zu finden ist: der Kalifornische Ährenfisch, auch Grunion genannt. „Der Grunion (*Leuresthes tenuis*) ist ein maximal 20 cm langer Atherinopside (neuweltlicher Ährenfisch)", heißt es bei Wikipedia. Diese Fischart, die an der Pazifikküste beheimatet ist, entlang eines Küstenstreifens, der sich von der Monterey-Bucht bis Baja California (in Mexiko) erstreckt, sieht aus wie kleine Sardinen oder Glasaale (junge Aale). Doch nicht nur ihr endemischer Charakter macht die Fische interessant, sondern auch ihr faszinierendes, ausschließlich nächtliches Laichgebaren, das Fischern und Schaulustigen alljährlich ein einzigartiges (und streng reglementiertes) Spektakel bietet: Einige Wochen lang kommen Hunderttausende von Fischweibchen an Land und legen ihre Eier im Sand ab, bevor die Männchen sie – ebenfalls außerhalb des Wassers – befruchten. Das Ergebnis ist spektakulär: Manche Strände im County beginnen dann zu glitzern und zu funkeln – dank der unzähligen kleinen Fische, die im Mondlicht zappeln.

In ihrem Buch *Grayson* (*Der kleine Wal*, 2006) beschreibt Lynne Cox, eine bekannte Freiwasserschwimmerin und Autorin, sehr detailliert den Vorgang und das dazugehörige Spektakel: „Sobald das Weibchen den Strand erreicht hat, gräbt es mit Hilfe seines Hinterteils ein Loch in den Sand; durch ständiges Drehen und Wenden seines Körpers bohrt es sich immer tiefer in den weichen, nassen Boden hinein, bis nur noch das Maul heraussteht. Dann legt es bis zu dreitausend Eier ab, und einer der männlichen Ährenfische krümmt sich um den Körper des Weibchens und befruchtet die Eier mit seiner Milch. Nach getaner Arbeit schwimmen die erwachsenen Fische ins offene Meer zurück, während die Eier zehn Tage im warmen Sand bleiben. […]. In Südkalifornien ist das ein großes Ereignis. Im Sommer traf ich mich in mondhellen Nächten mit einer Gruppe von Freunden und Freundinnen am Strand, und wir warteten zusammen auf das Eintreffen der Ährenfische." Sie sagt auch, dass es durchaus Spaß machen kann, die Fische zu fangen und gleich darauf wieder freizulassen. Nichts zwingt einen, sie nach dem Spektakel zu braten und zu essen. Die örtlichen Behörden empfehlen Teilnehmern über 16 Jahren, einen Angelschein zu erwerben und nur eine „vernünftige" Anzahl von Fischen zu fangen. So will man Verschwendung und ein mögliches ökologisches Ungleichgewicht verhindern. Um dieses Wunder der Natur so gut es geht zu respektieren, ist es auch verboten, ein Loch in den Sand zu graben und die Ährenfische darin zu fangen (hierfür droht eine Geldstrafe). Außerdem wird dringend empfohlen, sich so leise wie möglich zu verhalten und kein allzu helles Licht zu verwenden.

FRANK GEHRYS HAUS

(33)

Die Privatresidenz des Stararchitekten

Gehry Residence
1002 22nd Street, Santa Monica
foga.com
Das ganze Jahr über von der Straße aus sichtbar

Wenn man an der Ecke 22nd Street und Washington Avenue in Santa Monica ankommt und dieses amerikanische Vorstadthaus sieht, das mit Metallteilen und asymmetrischen Holzfenstern verziert ist, kann man nur schwer sagen, mit welcher Art von Architektur man es zu tun hat. Eines ist jedoch sicher: Der Name, der einem als Erstes in den Sinn kommt, ist der des Architekten Frank Gehry, denn seine Handschrift ist sofort erkennbar. Der höchstgepriesene nordamerikanische Designer seiner Generation hat lange hier gelebt: Es war diese Residenz, die seine Karriere Ende der 1970er-Jahre vorangetrieben hat.

Aluminium und billig aussehende Umzäunungen machen sich den Raum streitig, zusammen mit riesigen, schrägen Glasdächern, die den Blick auf die ursprünglich eher bescheidene Struktur des Hauses freigeben. Es erinnert sowohl an die Walt Disney Concert Hall in Downtown, die repräsentative Heimat des Los Angeles Philharmonic Orchestra mit den gewellten Umrissen, als auch an die Fondation Louis Vuitton in Paris und deren panzerartiges Glasdach: zwei der berühmtesten Kreationen des Stararchitekten.

Ein wenig muten die Erdtöne des Hauses aber auch wie die Farben des aktuellen Google-Gebäudes in Venice Beach an, das 1991 ursprünglich für die Werbeagentur Chiat/Day entworfen worden war, ehe Gehry sein großes Werk für die Stadt L.A. realisierte. Der Gehry-Bau ist leicht zu erkennen, denn er steht neben der riesigen Fernglas-Skulptur (ein Kunstwerk von Claes Oldenburg und Coosje van Bruggen) in der Main Street 340.

Der Bungalow aus den 1920er-Jahren, der Gehry als Wohnsitz diente, hat zwar nicht die Erhabenheit späterer Bauwerke, aber er zeigt bereits recht deutlich die Grundlagen der dekonstruktivistischen Stilrichtung. Wie viele gewagte Architekturprojekte war auch dieses hier erst einmal verhasst, bevor es akzeptiert wurde – insbesondere bei den Nachbarn, die sich einen Spaß daraus machten, den Inhalt ihrer Mülltonnen in den Garten zu kippen. Wie groß muss ihre Enttäuschung gewesen sein, als sie dann im Laufe der Jahre feststellten, dass der illustre Anwohner das Gesicht der Stadt für immer veränderte: In dieser Gegend Südkaliforniens verwirklichte er ein Projekt nach dem anderen und seine Bekanntheit stieg und stieg.

Seit Jahren sprach der Architekt jedoch davon, sich und seine Familie aus dem „Bann dieser exzentrischen Residenz“ und ihrer großen symbolischen Last befreien zu wollen – und zwar durch den Bau eines anderen Hauses in Santa Monica. Dieses Projekt, das traditionellere Formen aufweist, aber weiterhin von der Postmoderne geprägt ist, ist jetzt das neue Domizil des Architekten.

DAS EAMES HOUSE

Wie ein Origami von Mondrian

Case Study House Nr. 8, 203 North Chautauqua Boulevard, 90272 Pacific Palisades
(+1) 310-459-9663 – eamesfoundation.org/house/eames-house
Nur mit Reservierung (mindestens 48 Stunden im Voraus)
Besichtigung von außen: 30 $, 10 $ für Studenten – Von innen: 275 $ für 1 bis 2 Personen

Ray und Charles Eames waren zweifellos das bedeutendste Designerpaar des 20. Jahrhunderts. Ihre ikonischen Möbel (vor allem der Eames Lounge Chair, von dem seit seiner Entwicklung im Jahr 1956 weltweit sechs Millionen Exemplare verkauft wurden), haben dafür gesorgt, dass ausgefeiltes Design und Massenproduktion zueinanderfanden.

Im Rahmen des Case-Study-Houses-Programms – ein vornehmlich kalifornisches Architekturexperiment, bei dem zwischen 1945 und 1966 kostengünstige, funktionale Einfamilienhäuser gebaut wurden – entwarfen Charles Eames und Eero Saarinen ein modernistisches Gebäude aus Beton, schwarz lackiertem Stahl und Glas, das mit farbig gestalteten Flächen verkleidet ist – die wie ein von Mondrian gestalteter großer Origamiwürfel wirken. Die Häuser sollten „reproduzierbar und keinesfalls eine individuelle ‚Performance' sein", kündigte das Programm seinerzeit an. Es brachte 36 außergewöhnliche Projekte hervor, bei denen sich schlichtes Design mit den höchsten Ansprüchen verband.

Dieses Case Study House Nr. 8 in Pacific Palisades wurde ab 1949 zum privaten Wohnhaus des Ehepaars Eames, das es seinen Bedürfnissen anpasste und dort Prototypen von Alltagsgegenständen entwarf. Eine Art Atelierhaus, das sich permanent weiterentwickelte und dessen Herz im Takt seiner Bewohner schlug, die in ihrer Einfachheit anspruchsvoll waren. Die beiden blieben dort bis zu ihrem Tod 1978 bzw. 1988 wohnen.

Heute ist das Haus ein Museum, aber eines, das sich ziert. Kein Parkplatz (am besten lässt man sich dort absetzen), Reservierungspflicht mindestens 48 Stunden im Voraus – eine Woche im Voraus wird wärmstens empfohlen –, im Inneren des Hauses, für dessen Besichtigung ein hoher Eintrittspreis verlangt wird, ist Fotografieren verboten. Die Regeln sind streng!

Doch der Besuch ist ein einzigartiges Erlebnis: Die Blätter der Bäume im Garten umspielen die Glasfassade, Vogelgezwitscher erfüllt den Ort, Seeluft vermischt sich mit dem Duft nach Eukalyptus, die Natur ist allgegenwärtig, nichts scheint jemals fertiggestellt worden zu sein, alles wirkt radikal, und doch ist es ein Haus, in dem man gut leben kann …

WANDERUNG ZUR MURPHY RANCH 35

Ein verlassenes Nazicamp

Sullivan Fire Road, Pacific Palisades
Durch die Casale Road (nördlich von Pacific Palisades), via Interstate 405 oder Highway 1 (CA-1 N)
Das ganze Jahr über zugänglich – Gratis

In Los Angeles ist das Hiken eine Art Religion. Neben dem Betongeflecht aus Autobahnkreuzen und Gebäuden, die das gängigste Klischee darstellen, wenn von der „Hauptstadt" Südkaliforniens die Rede ist, gibt es nämlich auch eine ganze Reihe von Hügeln, Gipfeln und Canyons, die es den Bewohnern ermöglichen, in kurzer Zeit dem Verkehrsfluss in der Stadt zu entfliehen.

© Matthew Robinson

Es kann vorkommen, dass einem Kojoten über den Weg laufen, Berglöwen (Pumas) beobachten die Besucher aus der Ferne und die typische Flora des semiariden Klimas gewinnt die Oberhand. Kein Lärm ist mehr zu hören, der Tapetenwechsel ist garantiert.

Doch eine besondere Erwähnung als Ausflugsziel verdient die Murphy Ranch. Man stelle sich vor: Ein Weg, der steil genug ist, um die Knöchel auf die Probe zu stellen, 500 künstlich angelegte Stufen, die tief nach unten in einen Canyon führen, und dann plötzlich diese alten Gebäude, die einst bewohnbar waren und nun mit Vegetation und Graffitis bedeckt sind. Und dazu eine Geschichte – und was für eine!

Sie reicht zurück in die 1930er-Jahre, lange bevor Charles Manson und seine „Family" die Gegend in Angst und Schrecken versetzten. Vor dem 2. Weltkrieg soll ein geheimnisvoller Deutscher namens Herr Schmidt dem reichen Ehepaar Winona und Norman Stephens vorgeschlagen haben, hier eine ideale, autarke Siedlung zu bauen. So wollten sie sich auf den Beginn einer globalen Naziherrschaft vorbereiten, die sich nach einem von den deutschen Truppen gewonnenen Krieg, so mutmaßte man, bis in die Vereinigten Staaten ausdehnen würde. Die Idee war, einen geheimen Stützpunkt zu errichten, um der Sache zu dienen und hier im Falle eines Sturzes der US-Regierung Zuflucht zu suchen. Doch als die USA 1941 in den Krieg eintraten, kamen die Bauarbeiten, deren Überreste heute noch zu sehen sind, abrupt zum Stillstand. Das vierstöckige Haupthaus, das den Prunk der Nazi-High-Society widerspiegeln sollte, wurde niemals errichtet, und auf der Ranch wurden kurz nach dem Angriff auf Pearl Harbor 50 Personen festgenommen.

Heute ist das Gelände ein beliebter Tummelplatz für lokale Graffitikünstler und es wurde schon oft von der Stadtverwaltung eingezäunt, die auch die Eingänge der Gebäude mit Brettern verbarrikadiert. Die 6,5 Kilometer lange Wanderung (hin und zurück) ist eine Zeitreise durch ein verfallenes Areal, das abgerissen werden soll. Dennoch bahnen sich Urban Explorer immer wieder ihren Weg.

Wenn man im Topanga Canyon erst einmal den Drahtzaun, den ersten feuchten Pfad und die Stufen hinter sich gelassen hat, entdeckt man die Überbleibsel einer Scheune und eines Kraftwerks. Sie sehen wie behelfsmäßige Bunker aus und sind nun bunt bemalt und krumm und schief, nachdem man sie jahrelang sich selbst überlassen hat. Dasselbe gilt für die Betonbecken, die einst Gartenbeete beherbergten. Die Überreste eines Schuppens und eines Wassertanks vervollständigen das Ganze. Die Kühle hält hier früher Einzug als im Tal, was den Ort mit unheimlichen Schwingungen auflädt. Dies beschwört die Geister einer alternativen Welt herauf – wenn auch nur für die Dauer einer gruseligen Wanderung.

DIE VERWAISTEN DREHORTE DER FERNSEHSERIE *M*A*S*H* (36)

Die Überreste eines fiktiven Feldlazaretts in Malibu

Malibu Creek State Park
1925 Las Virgenes Road, Calabasas, CA 91301 (danach Wanderung auf der Crags Road)
(+1) 818-880-0367
malibucreekstatepark.org/MASH.html
Park von Sonnenaufgang bis Sonnenuntergang geöffnet

© Matt Sachtler

Atemberaubende Ausblicke, schroffe Gipfel, Wanderwege inmitten von Platanenwäldern, Klettermöglichkeiten, ein Naturschwimmbad in Vulkangestein, ein Staudamm, mit Gras oder Chaparral bewachsene Hügel, Bäche … Nördlich der Stadt gelegen, nach der er benannt ist, bietet der Malibu Creek State Park in den Santa Monica Mountains 32 Quadratkilometer mit außergewöhnlicher Natur, die einst von den Chumash-Indianern bewohnt wurde. Hier wurde von 1972 bis 1983 die Serie *M*A*S*H* (für „Mobile Army Surgical Hospital") gedreht, die ein Meilenstein in der amerikanischen Fernsehgeschichte ist und mit zahlreichen Preisen bedacht wurde. Die 20th Century Fox Studios besaßen dort eine Ranch, die bei den Dreharbeiten zu besagter Dramedy-Serie als Kulisse diente. Sie zeigt den Alltag in einem mobilen Feldlazarett in Südkorea während des Koreakriegs. Die 256 Episoden dieser Fernseh-Satire haben nicht nur in den Köpfen der Zuschauer Spuren hinterlassen.

Von Fahrzeugen über Schilder bis hin zu Tischen – als das Studio die Ranch der Stadt schenkte, wurden viele Requisiten vor Ort zurückgelassen. Die Wanderer aus der Region, die diesen wunderbaren Weg sehr mögen, gingen anschließend dazu über, den Überresten einen Besuch abzustatten. Von Rost zerfressen, wurden diese in den 2000er-Jahren restauriert, bis das Woolsey-Feuer im November 2018 erneut einen Teil der Anlage beschädigte.

© Marty B

Man kann sich jedoch immer noch dorthin begeben. Parken Sie an der Las Virgenes Road 1925 und folgen Sie dann dem 7,5 Kilometer langen Hauptweg, der Crags Road (die nur einen geringen Höhenunterschied von 60 Metern aufweist). Die Überbleibel der *M*A*S*H*-Außenkulisse sind etwa auf halber Strecke zu sehen. Darüber hinaus gibt es aber auch noch alternative Routen, wie den South Grassland Trail und den Cistern Trail.

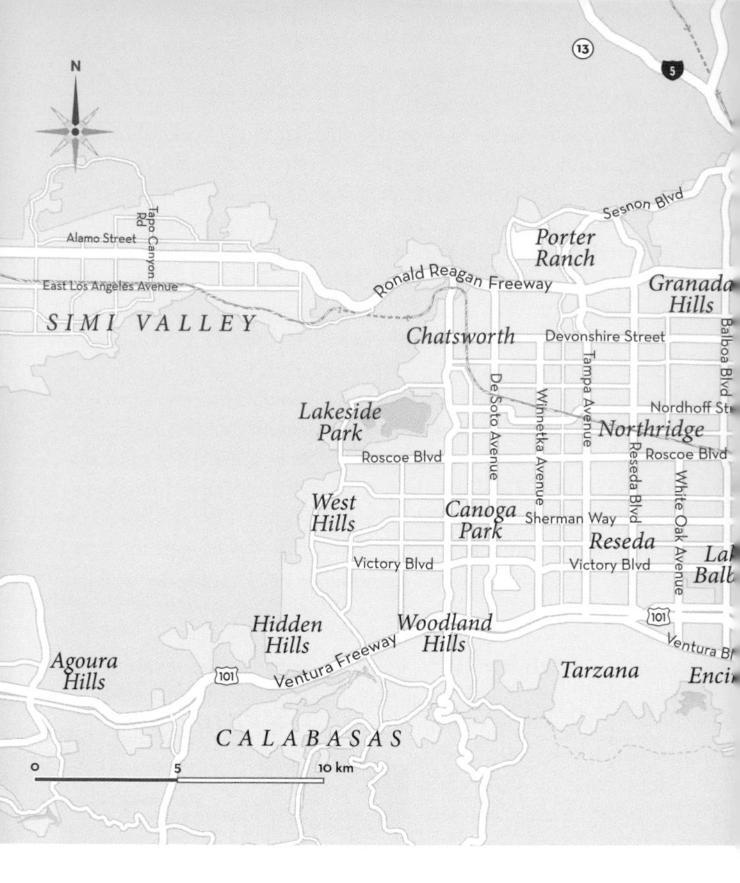

San Fernando Valley

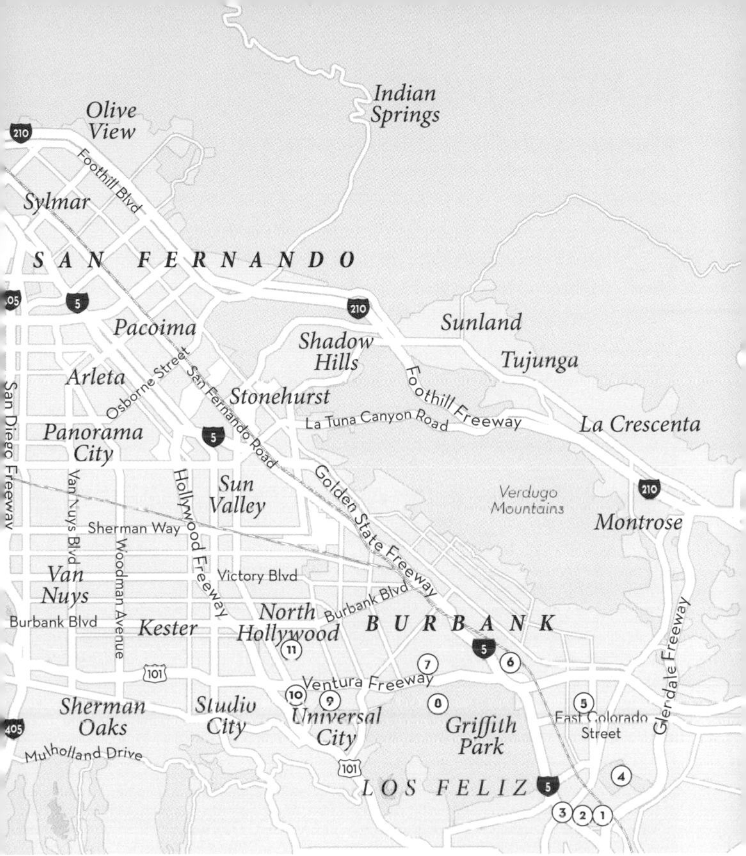

Indian Springs
Olive View
210
Foothill Blvd
Sylmar
SAN FERNANDO
405
5
210
Pacoima
Shadow Hills
Sunland
Tujunga
Arleta
Osborne Street
San Fernando Road
Stonehurst
Foothill Freeway
La Tuna Canyon Road
La Crescenta
San Diego Freeway
Panorama City
5
Golden State Freeway
Sun Valley
Verdugo Mountains
210
Montrose
Van Nuys Blvd
Sherman Way
Woodman Avenue
Hollywood Freeway
Van Nuys
Victory Blvd
Burbank Blvd
North Hollywood
BURBANK
Burbank Blvd
Kester
Glendale Freeway
101
Ventura Freeway
Sherman Oaks
Studio City
Universal City
Griffith Park
East Colorado Street
Mulholland Drive
101
LOS FELIZ
5

BAXTER STREET ①

Eine der steilsten Straßen der USA

Jederzeit zugänglich

Gemeinhin gilt San Francisco, das ursprünglich auf sieben Hügeln errichtet wurde, als die Stadt mit den meisten steilen Straßen. Doch Los Angeles steht dem in nichts nach – trotz seines Images als Stadt der breiten, flachen, eintönigen Boulevards, die nur dank der Neonschilder und Palmen ein wenig aufgelockert werden. Im Gegenteil:

In den schwerer zugänglichen Vierteln der Stadt, die sich über mehrere Canyons erstrecken, finden sich erstaunliche Straßen, sei es in Highland Park, San Pedro oder wie hier in Silver Lake, in der Nähe des Reservoirs.

Mit ihrer Steigung von 32 Prozent (was etwa 18° entspricht) ist die ganz nah beim Highway 2 gelegene Baxter Street eine der steilsten Straßen der USA. Bei den seltenen Regenfällen, die über der Stadt niedergehen, kommt es hier häufig zu Unfällen. Die Anwohner, die es leid sind, Autos in ihren Gärten oder Zäunen landen zu sehen, haben 2018 sogar die Behörden und die Hersteller von GPS-Geräten und mobilen Apps angeschrieben und um Änderungen gebeten – an die einen in Bezug auf die Verkehrsführung, an die anderen, damit die Algorithmen ihre Straße um jeden Preis meiden. Einmal ist auch schon ein Feuerwehrwagen oben auf dem Kamm hängen geblieben, deshalb laufen jetzt Gespräche, um eine realisierbare Lösung und alternative Routen zu finden.

Die zehn steilsten Straßen der USA

Noch verrückter sind die Eldred Street (in Highland Park) und die 28th Street (in San Pedro), die eine Steigung von 33 bzw. 33,3 Prozent aufweisen, aber nicht so lang und stark frequentiert sind wie ihre große Schwester in Silver Lake. Mit diesem Trio an der Spitze der beeindruckenden Statistiken besitzt der Bundesstaat Kalifornien insgesamt sieben der zehn steilsten Straßen des Landes (die vierte Straße namens Fargo Street befindet sich ebenfalls in Los Angeles, zwei weitere in San Francisco und die letzte in Spring Valley). Wer bei Trivial Pursuit angeben möchte: Die anderen drei befinden sich in Honokaa (Hawaii) und Pittsburgh (Pennsylvania). Und da waren es schon zehn!

Die kürzeste und die längste Straße in Los Angeles

Die gut zehn Meter lange Straße namens Powers Place im Stadtteil Pico-Union, die die Straßen Alvarado Terrace und South Bonnie Brae miteinander verbindet, wurde nach Pomeroy Wills Powers benannt, einem aus Kansas City stammenden Anwalt, der Präsident des Stadtrats war. Als kürzeste Straße L.A.s ist sie gerade einmal groß genug, dass ein Auto dort wenden kann.

Die längste Straße L.A.s ist der nicht zu verfehlende Sepulveda Boulevard: Dieses Ungetüm, von dem einige Teilstücke den Namen Highway 1 tragen (jene berühmte Autobahn entlang der Pazifikküste), erstreckt sich über 42,8 Meilen (68,9 Kilometer), von Long Beach bis nach San Fernando.

MUSEUM DES „HEILIGEN LANDES“ ②

Von dem Entdecker, der als Inspirationsquelle für die Filmfigur Indiana Jones gilt

Holyland Exhibition, 2215 Lake View Avenue
(+1) 323-664-3162 – theholylandexhibition.com
Täglich von 7–19 Uhr
Zweistündige Führung, nur nach Voranmeldung (vorher anrufen)

„Hollywood wartet darauf, dass die Leute sterben, und dann verleibt es sich deren Geschichte ein, ohne den Anspruchsberechtigten

etwas zahlen zu müssen." Mit einem Anflug von Spott und Enttäuschung beginnt Betty Shepard, unsere originelle Führerin, ihren Rundgang durch L.A.s ungewöhnlichstes Museum. Dieses etwas versteckt gelegene und fast private Museum (an manchen Tagen kommt kein einziger Besucher hierher) beherbergt seit 1924 Fundstücke von unschätzbarem Wert. Faszinierend ist es aber auch noch aus einem anderen Grund: Hartnäckigen Gerüchten zufolge soll sein Gründer, Antonia Frederick Futterer, als Inspiration gedient haben, als George Lucas die Figur des Archäologen Dr. Henry Walton Jones Jr. – alias Indiana Jones – entwarf.

Futterer selbst war Autodidakt. Nachdem er im Alter von 24 Jahren knapp dem Tode entronnen war (der Legende nach rettete ihn die Bibel), wurde er zum Prediger und machte sich auf die Suche nach der Bundeslade („Lost Golden Ark of the Covenant") – jener berühmten Truhe, die die Tafeln mit den Zehn Geboten enthalten haben soll, die Mose auf dem Berg Sinai erhielt. Zu diesem Zweck ließ er sich in Palästina und später in Jerusalem nieder. Von dort und seinen anderen Reisen brachte Futterer zahlreiche syrische, äthiopische, ägyptische, israelische und palästinensische Artefakte mit. Heute würde man ihn als „Grabräuber" bezeichnen, doch damals genoss er gewisse Freiheiten, um sein Lebenswerk zu vollenden. Die Bundeslade (die manche heute in Axum in Äthiopien vermuten) hat er zwar nie gefunden, aber seine übrigen Schätze können nun in fünf verschiedenen Räumen besichtigt werden. Diese sind von oben bis unten mit Sammlerobjekten angefüllt. Gemeinsam ist ihnen, dass sie sich auf heilige Bücher beziehen, vorwiegend aus den monotheistischen Religionen.

Der Syrien gewidmete Raum wartet mit einigen unglaublich fein verzierten Intarsienmöbeln auf, die in Damaskus gefertigt wurden. Der perlmuttbesetzte Spieltisch in der Mitte des Zimmers ist allein schon einen Besuch wert. Ein weiteres Zimmer beschäftigt sich dann mit den Geheimnissen der Pharaonen (inklusive uralter Sarkophage) und ein drittes mit der Archäologie, mit Objekten teilweise fragwürdiger Herkunft.

Der Souvenirladen im Obergeschoss ist im Stil der Souks gehalten, wie man sie von Jerusalem bis Beirut finden kann – mit Teppichen, Schmuck und Lampen. Und das im Erdgeschoss gelegene Auditorium beherbergt eine vereinfachte grafische Darstellung der Bibel, ein echtes Exemplar des heiligen Buches aus dem 18. Jahrhundert sowie eine Weltkarte, die die verschiedenen Ursprünge der Menschheit (wenn auch unbeholfen) nachzuzeichnen versucht. Unsere wie eine Beduinin gekleidete Führerin geleitet uns von Raum zu Raum und nimmt sich selbst dabei erstaunlicherweise nicht allzu ernst, trotz der feierlichen Atmosphäre des Ortes. „Ich glaube, wenn Jesus heute auf die Erde zurückkehren würde, dann würde er keine der monotheistischen Religionen gutheißen", sagt sie zum Schluss mit einem Lächeln.

SPAZIERGANG AM LOS ANGELES RIVER

③

Die Rückeroberung eines betonierten Flusses

Im Los Angeles County, 82 Kilometer lang, von Calabasas bis Long Beach
lariver.org (allgemeine Informationen)
Fahrradverleih: Coco's Variety Bike Shop. 2427 Riverside Drive, CA 90039
(+1) 323-664-7400 – cocosvariety.com
Täglich von 11–18 Uhr (außer sonntags)
Kanus und Kajaks: (+1) 323-392-4247 – lariverexpeditions.org,
paddlethelariver.org und lariverkayaks.com

Los Angeles hat einen Fluss? Für Zugewanderte war allein schon diese Frage bis vor Kurzem völlig abwegig – und das, obwohl er sich über eine Länge von fast 82 Kilometern erstreckt (von Calabasas bis Long Beach) und dabei den Griffith Park umfließt. Kein Wunder: Der Los Angeles River war lange Zeit vernachlässigt worden und hatte sich zu einem unansehnlichen Niemandsland entwickelt, das manchmal bloß als Filmkulisse zum Einsatz kam: Zum Beispiel sieht man Ryan Gosling in *Drive* (2011) mit seinem Auto am Ufer entlangrasen.

Doch seit einigen Jahren kommt der Fluss dank diverser Renaturierungsprogramme wieder in Mode – was 1997 dazu geführt hat, dass das erste Teilstück eines Radwegs eröffnet werden konnte. Heute stehen den Radfahrern zwei Strecken zur Verfügung: Der erste Weg führt von den Walt Disney Studios an der Interstate 5 entlang bis zum Elysian Park und ist von einigen Cafés gesäumt – z. B. das Spoke Bicycle Cafe in Frogtown, wo man sein Rad reparieren lassen und währenddessen ein Sandwich genießen kann. Der zweite Abschnitt ist 20 Meilen (32 Kilometer) lang und erstreckt sich von Commerce bis nach Long Beach.

Für all jene, die es nicht so mit Zweirädern haben, gibt es aber auch noch andere Möglichkeiten, diesen Fluss zu erkunden: kürzere und längere Wander- und Reitwege, auf denen man eine vielfältige Vogelwelt (Enten, Kanadareiher, Kormorane etc.) beobachten kann, Plätze zum Angeln sowie Touren mit dem Kajak oder Kanu. Die Biegungen des Los Angeles River, die 2010 zum „schiffbaren Gewässer" erklärt wurden, sind vom Memorial Day (Ende Mai) bis zum 30. September in zwei verschiedenen Zonen (Elysian Valley und San Fernando) für den Wassersport geöffnet.

Der Fluss bietet heute also viele Möglichkeiten – die dazu beigetragen haben, sein Image wieder aufzupolieren, nachdem er ganze Stadtviertel verwüstet hatte. Im Februar 1938 war der Fluss nämlich nach heftigen Regenfällen über die Ufer getreten und hatte die umliegenden Gebiete überschwemmt. Dies hatte das Aus für den natürlichen Fluss bedeutet. Um die Anwohner zu schützen, beschloss die Stadt seinerzeit, ihn in einem Betonbett zu kanalisieren und einzuzäunen, wodurch er zu einer Art „Autobahn" wurde.

Nach den langen Dürreperioden in Kalifornien, in denen der Fluss regelmäßig ausgetrocknet war, ist diese Bezeichnung leider wieder sehr aktuell. Den Los Angeles River wertzuschätzen und verstärkt zu nutzen, ist das Mindeste, was man für ihn tun kann, wenn man ihm neues Leben einhauchen möchte.

DIE GRÄBER VON CAROLE LOMBARD UND CLARK GABLE

④

Ein Hauch von Skandal auf dem Friedhof

Forest Lawn Cemetery – 1712 South Glendale Avenue, Glendale
(+1) 888-204-3131 (innerhalb der USA) oder (+1) 323-254-3131 (aus dem Ausland) – forestlawn.com/parks/glendale
Täglich von 8–18 Uhr

Viele Hollywood-Storys sind voller Geheimnisse und Andeutungen, die nur schwer zu entschlüsseln sind. Dies gilt auch für Geschichten, die die Herzen der Filmstars jenseits der Leinwand vereinen – so wie bei Carole Lombard und Clark Gable. Sie waren zwei der beliebtesten und anerkanntesten Schauspieler der 1930er-Jahre und noch dazu drei Jahre lang miteinander verheiratet. Heute liegen sie Seite an Seite begraben. Soweit ist alles ganz normal. Doch wenn die Namen ihrer früheren Geliebten nur wenige Zentimeter entfernt auf demselben Friedhof und in derselben Grabkammer zu finden sind, dann wird es plötzlich interessant: Der perfekte Vorwand für Sie, um sich zum prächtigen Forest Lawn Cemetery nach Glendale zu begeben, wo eine große Anzahl prominenter Persönlichkeiten begraben liegt. Dieser idyllische Friedhof ist eine Institution, allein schon für einen Spaziergang lohnt sich der Besuch. Darüber hinaus bietet er Gelegenheit zu einer letzten Hommage an verschiedene Berühmtheiten aus der Unterhaltungsbranche (unter anderem ruht hier Michael Jackson). Als Carole Lombard, die wichtigste Schauspielerin ihrer Generation, 1942 bei einem Flugzeugabsturz ums Leben kam, war Clark Gable, der damals gerade den Film *Manila*

(*Somewhere I'll Find You*) drehte, am Boden zerstört. Der unvergessliche Rhett Butler aus *Vom Winde verweht* (*Gone with the Wind*) schaffte es nur mit Mühe und Not, den Film zu beenden. Er verlor 20 Kilo, gab sich eine Zeit lang dem Alkohol hin und trat der Armee bei – soweit die offizielle Darstellung. Er selbst starb 1960 und wurde neben der Frau beerdigt, die er immer als „die Liebe seines Lebens" bezeichnet hatte. Das Grab von Carole Lombard trägt übrigens die Inschrift „Carole Lombard Gable". Nur dass Clark Gable in der Zwischenzeit noch zwei weitere Male geheiratet hatte. Seine letzte Ehefrau Kathleen „Kay" Williams schenkte ihm seinen einzigen Sohn, der nach dem Tod des Schauspielers zur Welt kam. Aus seiner Beziehung mit Loretta Young hatte er außerdem noch eine Tochter namens Judy Lewis, aus deren Erziehung er sich aber stets herausgehalten hatte. Kay Williams, die bei der Hochzeit den Namen Gable annahm, liegt einige Gräber entfernt begraben. Die Fans von Carole Lombard behaupten jedoch, Gables unsteter Charakter und vor allem seine angebliche Affäre mit Lana Turner am Filmset von *Manila* seien der Grund dafür gewesen, warum die Schauspielerin ihre Tournee mit den amerikanischen Truppen (die damals in den 2. Weltkrieg verwickelt waren) abkürzen wollte, ehe ihr Flugzeug am 16. Januar 1942 nach einem Tankstopp in Las Vegas abstürzte. An besagtem Morgen hatte sie sich dem Rat ihrer Mutter widersetzt (die ebenfalls bei dem Absturz ums Leben kam und ganz in der Nähe beerdigt wurde), stattdessen lieber den Zug zu nehmen. Dabei war Lombards einzig wahre Liebe nach eigenem Bekunden der Sänger Russ Columbo, den sie im Alter von 25 Jahren kennengelernt hatte und der 1934 sehr jung verstorben war. Und wo genau ist nun jener Russ begraben? Nur ein paar Meter weiter in der Grabkammer gegenüber. Wie praktisch.

DAS NEON-MUSEUM

⑤

Die Kunst aus der Röhre ist wieder in Mode

Museum of Neon Art (MONA)
216 S. Brand Blvd., Glendale
(+1) 818-696-2149
neonmona.org
Donnerstags bis samstags von 12–19 Uhr, sonntags von 12–17 Uhr
„Neon Cruise": ein paar Termine im Jahr, Buchung auf der Website

Kaum ein Kunsthandwerk ist für Los Angeles typischer als das der Neonröhren. Seit den 1920er-Jahren fanden sich dort an Hausfassaden und Dächern Leuchtreklamen im auffälligen Design, deren Hauptziel darin bestand, Autofahrer anzulocken, die in ihren Fahrzeugen über die breiten Straßen brausten. Allerdings gerieten die Neonlichter später in Verruf, weil sie mit Film-noir-Streifen, Gangstertum, dubiosen Motels und anrüchigen Bars assoziiert wurden und ihre schrille Ästhetik Ende der 1980er-Jahre in Ungnade fiel. Seit Beginn des neuen Jahrtausends feiern sie aber ein triumphales Comeback – als rehabilitierte Kunstform (die wieder in ist, vor allem dank der Anfertigung moderner Licht-Kreationen), als historische Relikte und als Bestätigung einer glanzvollen, kreativen Vergangenheit.

Nachdem das Museum of Neon Art 34 Jahre lang in Downtown zu finden war, wurde es 2016 in Glendale in nagelneuen Räumen wiedereröffnet. Deren Größe reicht zwar nicht aus, um die umfangreiche Sammlung komplett unterzubringen – was aber den Vorzug hat, dass die Exponate regelmäßig wechseln. Auch elektrische und kinetische Kunstwerke haben ihren Platz in diesem Festival der Blink- und Dauerlichter. Die Neonkunst, die an der Schnittstelle zwischen Physik und Chemie angesiedelt ist, wird in all ihren Formen geschmackvoll in Szene gesetzt – vom berühmten Hut des Restaurants The Brown Derby über Plasma-Uhren bis hin zu vierteljährlich wechselnden Themen (Frauen, Autos etc.). Von außen ist das Museum ganz einfach zu erkennen: Eine riesige Schwimmerin, die vom abgerissenen *Virginia Court Motel* in Meridian (Mississippi) stammt, schmückt das Dach des Gebäudes. In West Hollywood gibt es übrigens eine Kopie der Taucherin (wenn man den Santa Monica Boulevard entlangfährt, kann man sie ziemlich leicht ausmachen).

Die Herstellung eines eigenen Neonschilds

Das MONA hatte die bemerkenswerte Idee, Workshops und Kurse anzubieten, in denen man die Leuchtröhrenkunst selbst erlernen kann. Dort stellen Sie Ihre eigenen Unikate her.

Lust auf eine „Neon Cruise"?

Von Mai bis Oktober bietet das MONA ein- bis zweimal im Monat die sogenannte „Neon Cruise" an – eine Tour im Doppeldeckerbus, die vom Bankenviertel bis nach Hollywood führt und bei der ein Anthropologe und ein Stadtführer detailliert die Geschichte, den Niedergang und die Wiederentdeckung der Leuchtschilder erläutern. Eine spannende, spielerische und lehrreiche Fahrt – die nichts mit den überfüllten Touren gemein hat, die einen Blick auf die Häuser der Stars versprechen.

DAS EHEMALIGE ROLLFELD DES GRAND CENTRAL AIR TERMINALS ⑥

Ein Meilenstein in der Geschichte der amerikanischen Luftfahrt

1310 Air Way, Glendale
Der Turm ist von der Grand Central Avenue aus sichtbar, die einst als Startbahn des Flughafens diente

Romantische Kinofans verwechseln den ehemaligen Flughafen Grand Central Air Terminal gerne schon mal mit dem einige

Kilometer weiter nordwestlich gelegenen Van Nuys Airport. Der Grund: Sein Kontrollturm hat eine gewisse Ähnlichkeit mit jenem Turm, der in der vorletzten Szene von Michael Curtiz' legendärem Film *Casablanca* (1942) mit Humphrey Bogart und Ingrid Bergman zu sehen ist.

Im Laufe der Jahre wurden zwar auch auf dem Flughafengelände von Glendale einige Filme gedreht, aber mittlerweile gehört dieser Meilenstein in der Geschichte der amerikanischen Luftfahrt der Walt Disney Company.

Bei seiner Eröffnung in den 1920er-Jahren war der Grand Central Air Terminal der Hauptflughafen von Los Angeles – und das blieb er fast 30 Jahre lang, bis der LAX und in geringerem Umfang auch der Bob Hope Airport in Burbank den Flugbetrieb übernahmen. Auf seinen Pisten starteten (oder landeten) unter anderem Howard Hughes, Amelia Earhart und Charles Lindbergh. Während des Zweiten Weltkriegs fungierte er sogar als Trainingslager für Piloten und Mechaniker, bevor er mehrere Jahrzehnte in Vergessenheit geriet.

Seit der Renovierung, die 1999 begann und 2015 abgeschlossen wurde, dienen die Gebäude als Standort für eine Vielzahl von Sparten des Unterhaltungsriesen.

Neben dem Hauptkomplex sind auch zwei Hangars erhalten geblieben. Doch zum großen Leidwesen der Luftfahrtfans wurden sie nicht ins National Register of Historic Places aufgenommen.

Die Straße auf der ehemaligen Flughafenpiste

Nach der Schließung des Flughafens 1959 ging das Rollfeld in die Verfügung der Stadt über und wurde wieder zur Straße umfunktioniert. Bei der heutigen Grand Central Avenue, die unter anderem zum Disney-Campus führt, handelt es sich nämlich um eine der früheren Flugpisten, von wo aus einst die Lockheed P-38 und die Boeing B-29 starteten.

SOUTH KEYSTONE STREET

⑦

Eine „falsche" Straße, die als Filmlocation dient

Burbank
Hausnummer 400 bis 599
Freeway CA-134, Ausfahrt 3

Im Norden der gigantischen Stadt, entlang des Los Angeles River, befinden sich drei der berühmtesten Hollywood-Studios: Universal, Warner Bros. und Walt Disney (von West nach Ost). Während die ersten beiden dank eines eigenen Themenparks und im Rahmen (kostenpflichtiger) Führungen leicht zu besichtigen sind, ist das dritte Studio für seine Geheimniskrämerei bekannt. Wenn man nicht gerade einen Mitarbeiter der Firma persönlich kennt oder zu einer privaten Preview eingeladen wird, ist es wenig wahrscheinlich, dass Sie in die Höhle der berühmten Maus vorgelassen werden.

Zum Trost bleiben Ihnen natürlich noch die Freizeitparks – jene Konsumtempel, die die Magie der Animationsfilme einzufangen versuchen – doch diese liegen 60 Kilometer weiter südlich. Wer ein originelleres, intimeres und kostenloses Erlebnis fernab der Menschenmengen möchte, der mache sich stattdessen nach Burbank auf – wo sich neben dem allmächtigen Disney-Studio die ungewöhnlichste Straße der Region befindet. Das Studio, das ursprünglich zur Entwicklung von Zeichentrickfilmen gegründet worden war, wollte 1940 nach dem großen Erfolg von *Schneewittchen und die sieben Zwerge* expandieren und Filme mit echten Schauspielern und Fernsehproduktionen drehen – was aber erst einmal an den örtlichen Gegebenheiten scheiterte.

Nachdem Filmsets für die Innenaufnahmen sowie einige Fassaden und Büros errichtet worden waren, musste man den Tatsachen ins Auge blicken: Auf den von Walt Disney zunächst erworbenen 20 Hektar war einfach kein Platz mehr. Daher kaufte das Unternehmen noch die Grundstücke im südlichen Teil der South Keystone Street hinzu. Dieser Teil der Straße sieht zwar genauso aus wie der nördlich der Alameda Avenue gelegene Abschnitt, doch außer bei Dreharbeiten werden Sie hier niemals geparkte Autos zu Gesicht bekommen. Der Grund: Die Häuser sind zwar echt und nicht bloß Fassaden (wie sonst meist auf „Backlots" üblich), doch es handelt sich dabei um leere „Hüllen", die Szenografen und Dekorateure nach Belieben für ihre Zwecke umgestalten können. Die Rasenflächen sind hier sichtbar grüner als in der angrenzenden Straße, nichts steht herum, es gibt weder Mülltonnen noch Briefkästen und die Vorhänge sind permanent zugezogen. Dennoch ist die Straße frei zugänglich: Da es sich um eine öffentliche Straße handelt, konnte Disney hier nur die Häuser erwerben. Parken Sie an einem der beiden Straßenenden und genießen Sie die herrliche Ruhe. Auf Ihrem kurzen Spaziergang durch diese schnurgerade Straße werden Sie sich fast wie im Film fühlen, z. B. in *High School Musical* und *Saving Mr. Banks*.

WALT DISNEYS SCHEUNE 

Die einzige Disney-Attraktion, die kostenlos ist

5202 Zoo Drive
(+1) 818-934-0173 – carolwood.org
Jeden dritten Sonntag im Monat von 11–15 Uhr; Eintritt frei

Walt Disneys Leidenschaft für Züge und Eisenbahnen drückte sich lange Zeit vor allem in der recht eigenwilligen Anordnung seiner Freizeitparks aus. Sie sind von Schienen umgeben, auf denen Lokomotiven die Besucher herumkutschieren – wie in einer idealisierten, autonomen Mini-Stadt. Seine Passion lässt sich aber auch noch an anderen Orten ablesen: Die ehemalige Werkstatt des Micky-Maus-Schöpfers – „Walt's Barn" genannt –, die von der *Carolwood Foundation* unterhalten wird, ist das schönste Beispiel hier vor Ort. Sie ist nur jeden dritten Sonntag im Monat für Publikum geöffnet und „die einzige Disney-Attraktion, die kostenlos ist", wie die ehrenamtlichen Helfer an diesem Herbstsonntag gleich am Eingang betonen.

Walt Disney baute hier unter anderem die Gartenbahn, die über sein Grundstück in Los Angeles fuhr. Auf den Wagen der „Carolwood Pacific Railroad" genannten Modelleisenbahn drehte Disney zusammen mit seiner Familie viele Runden im Garten. In besagter Werkstatt, die 1950 errichtet wurde, verbrachte er zudem unzählige Stunden damit, die Durchfahrt des Zuges zu kontrollieren, sich mit Modelleisenbahnen zu beschäftigen und zu träumen. Vielen gilt diese Scheune als Wiege von „Imagineering", jener Kreativabteilung aus Ingenieuren und Architekten, die die berühmten Parks und Hotels der unverwechselbaren Maus-Marke konzipiert haben.

Suchen Sie aber bitte nicht auf Walts ehemaligem Grundstück im 355 North Carolwood Drive in den Holmby Hills nach der Scheune. Das kleine rote Haus, das eine exakte Nachbildung der Scheune von der Disney-Farm in Marceline (Missouri) ist, wurde nämlich nach dem Verkauf des Familienanwesens Ende der 1990er-Jahre „hinter" den Griffith Park verlegt, auf die Seite des San Fernando Valleys. Walts Tochter hatte damals aktiv zur Rettung des Häuschens beigetragen, zusammen mit der *Carolwood Pacific Historical Society*, die sich für den Erhalt von Disneys Eisenbahnerbe einsetzt. In diesem rustikalen Ambiente findet man Werkzeug, Archivbilder, historische Dokumente, Prototypen sowie ein Gleiskontrollsystem. Wenn Sie sich auf diese Zeitreise begeben, lernen Sie auch die kleinen Marotten des unbändigen Schöpfers kennen. Unter anderem erfährt man hier, dass Walt Disney bei sich zu Hause einen Tunnel gebaut hatte – damit seine Frau Lilly die Lokomotive nicht vor ihrer Küche vorbeifahren sah …

Darüber hinaus können Sie auch noch den ehrenamtlichen Helfern bei der Bedienung der Dampfloks zuschauen oder eine Fahrt mit dem kleinen Zug durch den Park unternehmen.

ALFRED HITCHCOCKS BUNGALOW 5195 ⑨

Die ehemaligen Büros des „Master of Suspense“

100 Universal City Plaza, Universal City
(+1) 800 864-8377
universalstudioshollywood.com
Metro: B Line, Haltestelle Universal City

Der Universal Studios Hollywood Themenpark im Herzen der fast gleichnamigen Stadt (Universal City) ist einer der meistbesuchten Touristenorte in Los Angeles. Trotzdem sind hinter seinen Fahrgeschäften und Restaurants weiterhin zahlreiche Unternehmen der „Traumfabrik“ angesiedelt. Bei der Studio-Tour bekommt man Einblicke in die Geheimnisse berühmter Kino- und Serienproduktionen. Fassaden, Büros, Filmsets, Simulationen von Verfolgungsjagden oder Kampfszenen – all diese Elemente sind mit dabei. Doch oft haben sie einen enttäuschenden Beigeschmack: Sie folgen weiter den Regeln der Unterhaltungsindustrie und sind den Zwängen der Produktionsteams unterworfen, die in den Kulissen zugange sind und den vorbeifahrenden Touri-Zügen keine Beachtung schenken. Auf dem Studio-Gelände gibt es aber auch noch ein unscheinbares und zugleich sehr anrührendes Relikt (Achtung, die Führungen finden nur auf Englisch, Spanisch oder Mandarin statt): Alfred Hitchcocks Bungalow, der eine ganz spezielle Geschichte hat und auf den die Tourführer nur gelegentlich hinweisen. Dieses unter dem Namen „Bungalow 5195“ bekannte Gebäude, an dessen Fassade die charakteristischen Konturen des britischen Regisseurs – der 1955 die amerikanische Staatsbürgerschaft annahm – zu sehen sind, beherbergte seinerzeit das Büro des „Master of Suspense“. Hitchcock, der bei Universal unter Vertrag stand, drehte in der Universal City die meisten Erfolgsfilme seiner amerikanischen Phase (*Psycho*, dessen Haus und Motel ebenfalls Teil dieser Tour sind, war der letzte mit Paramount Pictures gedrehte Film, der dann zu Universal „ausgelagert“ wurde). In den anderen Gebäuden in der Nähe der Büros waren zur damaligen Zeit die Garderoben der Schauspieler untergebracht, zum Beispiel von Rock Hudson und James Stewart. Heutzutage besitzt Steven Spielbergs Unternehmen Amblin Entertainment einige Büros dort, auch wenn nichts auf sie hinweist. Sechzig Jahre nach seinen großen Filmproduktionen belegt die Produktionsfirma Universal Cable Productions – eine Unterabteilung von Universal Television – „Hitchs“ Garderobe und trägt seine Fackel weiter.

Norman Bates' Haus

Wenn es Sie nicht in die teure Hauptstadt der Unterhaltung zieht und Sie sich dennoch Ihre Dosis Hitchcock holen möchten, dann sollten Sie mit dem Auto auf den Blair Drive fahren (Abzweigung Barham Boulevard). Dort erwartet Sie eine wenig bekannte, unverbaute Aussicht auf das Haus von Norman Bates (und seiner berühmten Mutter), das seit 1960 mehrmals umgesiedelt wurde. Für die etwas Fauleren unter uns: Hitchcock besitzt auch zwei Sterne auf dem *Walk of Fame* auf dem Hollywood Boulevard – den einen für seinen Beitrag zur Filmkunst, den anderen für seine Fernsehproduktionen.

DIE FUNDAMENTE DES MISSIONSGEBÄUDES CAMPO DE CAHUENGA

⑩

Die bescheidene Wiege des Staates Kalifornien

Campo De Cahuenga Park – 3919 Lankershim Boulevard, Studio City
(+1) 818-763-7651 – laparks.org/historic/campo-de-cahuenga
Das Museum ist am ersten und dritten Samstag im Monat von 12–16 Uhr geöffnet (nach Voranmeldung)

Die Tongva-Indianer waren bereits seit fast 4.000 Jahren auf diesem kleinen Stück Land ansässig, das heute eingezwängt zwischen Universal Studios, Highway 101 und Los Angeles River liegt, als spanische Siedler, angeführt von Pater Fermín de Lasuén, im kleinen Park Campo De Cahuenga zwischen 1795 und 1810 ein Missionsgebäude errichteten. Danach, im Anschluss an die Revolution von 1821, folgte die mexikanische Periode, die das Land aus 300 Jahren spanischer Kolonialherrschaft befreite und schließlich die Kriegserklärung der USA an Mexiko, wegen eines finsteren Streits um Entschädigungszahlungen – und den Erwerb des kostbaren Gebiets. Es folgten erbitterte Kämpfe und Friedensverträge, Allianzen und Verrat. Heute kann das „Feld von

© Paula Katherine Marmor

Cahuenga", dessen Haupthaus 1950 von der Stadt Los Angeles nur wenige Meter vom ursprünglichen, im Jahr 1900 abgerissenen Missionsgebäude entfernt wieder aufgebaut worden war, als Wiege des Staates Kalifornien angesehen werden. Dieses kleine Fleckchen Erde wurde Zeuge der wichtigsten Entscheidungen in der kalifornischen Geschichte.

In besagtem Originalgebäude, auf dem Gelände, wo heute das kleine Museum steht, trafen nämlich am 13. Januar 1847 John C. Frémont und Andrés Pico aufeinander, um die Kapitulation der „Californios" zu unterzeichnen und das genaue Gebiet festzulegen, das drei Jahre später der 31. Staat der Union werden sollte. Endgültig besiegelt wurde der Frieden dann im Vertrag von Guadalupe Hidalgo, in dem Mexiko die verlorenen Gebiete an die Vereinigten Staaten abtrat, um die militärische Besetzung zu beenden. Das wiederaufgebaute Hauptgebäude beherbergt heute das kleine Museum, in dem auch die Urkunde des Vertrags von Cahuenga zu sehen ist. Die Lage des alten Hauses lässt sich aber noch an einigen Stellen auf dem Boden ablesen. Im angrenzenden Park und in den umliegenden Straßen werden die Fundamente des Originalgebäudes durch einen gepflasterten „Weg" dargestellt, der farbig markiert ist. Rund um das Museum herum muss man einfach den weißen und grauen Linien auf dem Lankershim Boulevard, im Park und in der Metrostation (siehe unten) folgen, um eine genauere Vorstellung von den Dimensionen der „echten" Mission Campo de Cahuenga zu bekommen.

Bei Ausgrabungen in der Nähe der roten B Line der Los Angeles Metro Rail entdeckte man unter dem Lankershim Boulevard die Fundamente des ehemaligen Missionsgebäudes. Den historischen Persönlichkeiten, die mit seiner Geschichte in Verbindung stehen, setzt die Metrostation Universal City/Studio City ein schlichtes Denkmal: Ein in Rot- und Orangetönen gehaltenes Mosaik auf dem Bahnsteig zeichnet die miteinander verwobenen Schicksale der Frauen und Männer nach, die um dasselbe Gebiet kämpften.

THIERRY NOIRS *FREEDOM BOULEVARD*

(11)

Das spielerische und zugleich politische Werk eines französischen Künstlers

Lofts at NoHo Commons, 11136 Chandler Boulevard, North Hollywood
(+1) 818 827-3100 – loftsatnoho.com
Metro: B Line, Haltestelle North Hollywood

Hierbei handelt es sich um eines der farbenfrohsten Gebäude in der Stadt, und zufälligerweise befindet es sich auch noch ganz in der Nähe einer Metrostation – was in Los Angeles, mit Ausnahme von Downtown, nicht allzu oft vorkommt, weshalb man es erwähnen sollte.

Wenn Sie Lust haben, einen Tag im berühmten San Fernando Valley zu verbringen, ohne Ihr Auto benutzen zu müssen, ist dies also problemlos möglich. Der NoHo Arts District, wo die B Line endet (Endstation: North Hollywood), ist ein belebtes Eingangstor in dieses andere L. A. Bevor Sie das Viertel näher erkunden, sollten Sie aber erst noch am Metroparkplatz vorbei Richtung Nordosten laufen, knapp einen Block weiter. Dort zieren lustige bunte Männchen auf weißem Grund mehrere Fassaden eines Gebäudekomplexes mit modernen Loftwohnungen. Auch der Name des Künstlers, der im Widerspruch zur Farbexplosion steht, prangt in großen Lettern an der Hauswand: Thierry Noir.

Dieser Franzose ist eine Legende. Nach seinem Umzug nach Deutschland begann er 1984 damit, die Berliner Mauer zu bemalen. Dort, im Stadtteil Kreuzberg in Westberlin, war er einer der Ersten, der dieses Symbol des Kalten Kriegs mit großen Pinselstrichen herausforderte. Sein Leben lang zeichnete er rund um den Globus seine naiven, wiedererkennbaren und ausgesprochen politischen Figuren. Schließlich schaffte es sein Werk auch nach Los Angeles: Auf Initiative des Wende Museums wurde 2009 eines seiner berühmten Berliner-Mauer-Graffitis vor dem LACMA aufgestellt, neben den Werken einiger Kollegen (siehe Seite 90) – auf Original-Mauerresten, die zu diesem Zweck nach L.A. gebracht worden waren.

In den Hollywood Hills gibt es noch ein weiteres von Thierry Noir bemaltes originales Mauerstück zu sehen, während andere, meist unauffälligere Werke über die ganze Stadt verteilt sind – mit Ausnahme eines großen Wandgemäldes auf schwarzem Grund, das in Downtown zu finden ist (in einer schmalen Gasse zwischen der Main Street und dem Spring Street Park). 2017 beauftragte eine Baufirma aus North Hollywood den Künstler damit, anlässlich des 50-jährigen Jubiläums der Städtepartnerschaft zwischen Los Angeles und Berlin eine gesamte Gebäudefront mit einer Fläche von 1.400 m^2 zu verschönern – seine bisher größte öffentliche Wandmalerei. Heraus kam dieser leuchtend bunte, verspielte *Freedom Boulevard*, an dem sich die Passanten erfreuen. NoHo ist stolz auf seine neuen Farben. Die riesige Wohngegend im „Valley“ war nämlich seit Jahren als seelenlose Schlafstadt verrufen – zumindest in den Augen der hipperen Angelenos, die in Hollywood, Santa Monica oder Los Feliz, also südlich des Griffith Parks wohnen. Das gestiegene Interesse an diesem Stadtteil ist noch relativ neu und vor allem auf das sehr beliebte Nachbarviertel Studio City zurückzuführen, das der neue Tempel der Coolness ist.

DIE DONALD-C.-TILLMAN-KLÄRANLAGE

⑫

Für alle Fans von Star Trek *… und von schmutzigem Wasser*

Donald C. Tillman Water Reclamation Plant
6100 Woodle Avenue, Van Nuys
(+1) 818-778-4226 – lacitysan.org
Besichtigung nur nach Terminvereinbarung

Dies ist zwar nicht der einzige Drehort in L.A., an dem Episoden der berühmten Serie (und Filme) aus dem *Star-Trek*-Universum entstanden sind (unter anderem wurde auch noch im Getty Center und im Griffith Park gedreht). Doch es ist bei Weitem der beeindruckendste und der mit dem höchsten Wiedererkennungswert.

Kein Wunder, mutet doch die von Anthony J. Lumsden entworfene und 1984 gebaute Donald-C.-Tillman-Kläranlage mit ihren stumpfen Winkeln und dem postmodernen Beton wie eine Art Raumschiff inmitten einer idyllischen Landschaft an. *Star-Trek*-Fans werden in dem Gebäude sofort die Starfleet Academy wiedererkennen – also jene Schule, in der die Offiziersanwärter ausgebildet werden und die sich vorgeblich in San Francisco befindet (bei der Postproduktion wurde die Golden Gate Bridge eingefügt).

Im echten Leben fließen hier täglich fast 100 Millionen Liter Abwasser aus dem San Fernando Valley durch die Kläranlage. Es wird dort gereinigt und dank eines biologischen Verfahrens (Nitrifikation) aufbereitet. Anschließend kann es zur Bewässerung von Grünflächen (siehe unten), Golfplätzen (von denen es viele in der Region gibt) und landwirtschaftlichen Nutzflächen wiederverwendet werden.

Auch wenn dies auf den ersten Blick unsexy erscheinen mag: Sie können das Klärwerk sowie drei weitere Wasseraufbereitungsanlagen besichtigen (nur nach Voranmeldung). Dies ist Teil eines sehr lehrreichen (und kostenlosen) Programms der Stadt Los Angeles, das die Einwohner sowohl mit Problemen in Bezug auf die Kanalisation und die häuslichen Abwässer als auch mit dem Verfahren zur Trennung von Flüssigkeiten und Feststoffen vertraut machen will. Letztere werden unter anderem zur Kläranlage Hyperion geleitet, wo daraus Energie und Dünger wird.

IN DER UMGEBUNG

Der japanische Garten SuihoEn

(+1) 818-756-8166 – suihoen.thejapanesegarden.com/new
Montags bis donnerstags von 10–12 Uhr und von 12.30–15.30 Uhr (nur mit Reservierung, Tickets auf der Website buchbar)

Der angrenzende japanische Garten SuihoEn („Garten des Wassers und des Dufts") wurde vom Landschaftsarchitekten und Künstler Koichi Kawana entworfen. Er wurde zur gleichen Zeit wie die Kläranlage eröffnet und war als ihr Aushängeschild gedacht. Man wollte beweisen, dass eine solche Anlage auch einen florierenden Garten beherbergen kann. Kirschbäume, Magnolien, Lotusblumen und Hunderte anderer Pflanzen- und Baumarten schmücken diesen „Chisen-Kaiyushiki" (der Begriff bezeichnet einen Garten, der um einen Teich herum angelegt ist). Darüber hinaus runden Kaskaden, Bäche und ein Teehaus den wohl schönsten und erholsamsten japanischen Garten in der Region ab. Ein echtes Highlight!

DIE TÜR VON RAUM A113 DER CALARTS-HOCHSCHULE

⑬

Was hinter „A113“ steckt

California Institute of the Arts (kurz CalArts)
24700 McBean Parkway, Valencia
(+1) 661-255-1050 – calarts.edu
Der Campus ist das ganze Jahr über geöffnet

Im modernen US-Kino ist dies wohl das bekannteste *Easter Egg* (eine versteckte Anspielung in Form eines Insiderwitzes, den einige Regisseure dezent in ihre Werke einbauen). Wenn Sie das nächste Mal ins Kino gehen und einen Film von Disney, Pixar oder einer ihrer Tochterfirmen (Lucas Films, Marvel etc.) ansehen, dann schauen Sie genau hin: An irgendeiner Stelle wird unweigerlich die mysteriöse Buchstaben-Zahlen-Kombination „A113“ auftauchen. Dieser Code, der in etlichen Filmen und Animationsfilmen vorkommt, macht die Fans verrückt und Verschwörungstheoretiker misstrauisch.

Warum ist die „A113“ dann so weit verbreitet? Man sieht sie z. B. auf einem Autokennzeichen in *Toy Story*, einer Unterwasserkamera in *Findet Nemo* und einem Schild in *Ratatouille*, und auch in Filmproduktionen und Serien wie *Die Simpsons*, *Hunger Games* und

Mission Impossible wird die Nummer erwähnt. Die Antwort auf die Frage ist trivialer, als es auf den ersten Blick erscheint, und man findet sie in Valencia, etwa eine Autostunde nördlich von Los Angeles.

Als Walt Disney 1961 beschloss, eine private Hochschule für Kreativität zu eröffnen, legte er zunächst zwei Kunstschulen zusammen, ehe er ein großes Universitätsgebäude auf einem abgeschiedenen Grundstück in den Hügeln von Santa Clarita errichten ließ. Im Norden der Ernst des Lebens auf einem zwischen Bäumen versteckten Campus; auf der gegenüberliegenden Seite im Süden, in Anaheim, ein Vergnügungspark, der auf Familien und Konsum ausgerichtet ist. Und genau in der Mitte dazwischen das weitläufige Los Angeles und seine unzähligen Künstler und kreativen Köpfe, die sich in den Studios in Burbank und Umgebung tummeln. Eine perfekte gerade Linie, die vom Highway 5 verkörpert wird. Am CalArts, das Studiengänge in den Bereichen Kunst, Musik, Tanz, Film und Theater anbietet, haben Generationen von Studenten studiert und ihre kreativen Ideen eingebracht (u. a. Sofia Coppola und Tim Burton). Manche haben es sogar in leitende Positionen bei den Hollywood-Studios geschafft.

Brad Bird, der spätere Regisseur von *Die Unglaublichen – The Incredibles*, war einer dieser Studenten, genauso wie Pete Docter, Andrew Stanton und John Lasseter, der zum künstlerischen Leiter bei den Pixar Animation Studios und den Walt Disney Animation Studios aufsteigen sollte. Diese vier Männer haben die Welt des Trickfilms revolutioniert. Die ersten Anspielungen auf Raum A113 – also auf jenen Raum, in dem die Filmemacher früher Grafikdesign und *character animation* studiert haben – tauchten dann 1987 auf (u. a. in Brad Birds Zeichentrickfilm *Family Dog*). Zur Freude vieler Kinofans wird dieser augenzwinkernde Gag auch heute noch von einigen Studios eingesetzt. Und an der Tür des geliebten Raums steht ebenfalls weiter die magische, glücksbringende Zahl.

Wer nach San Francisco fährt, dem empfiehlt sich auf jeden Fall ein Abstecher zum CalArts-Campus. Gerüchten zufolge sollen die Dreharbeiten zu *Das Imperium schlägt zurück* nämlich teilweise im dortigen MOD Theater stattgefunden haben. In diesem Wunderwerk der Technik soll auch die legendäre Szene entstanden sein, in der Luke Skywalker erfährt, dass Darth Vader sein Vater ist.

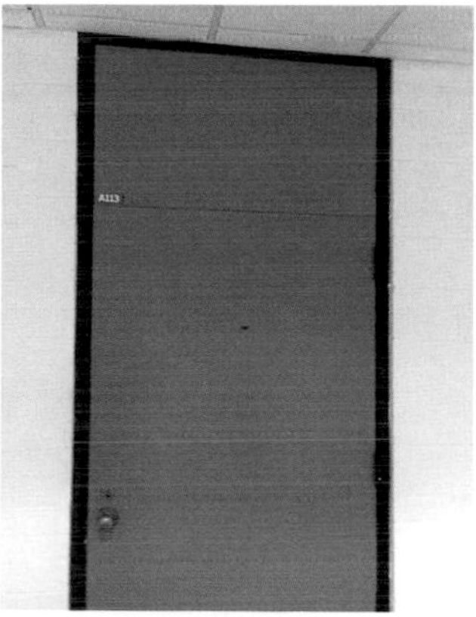

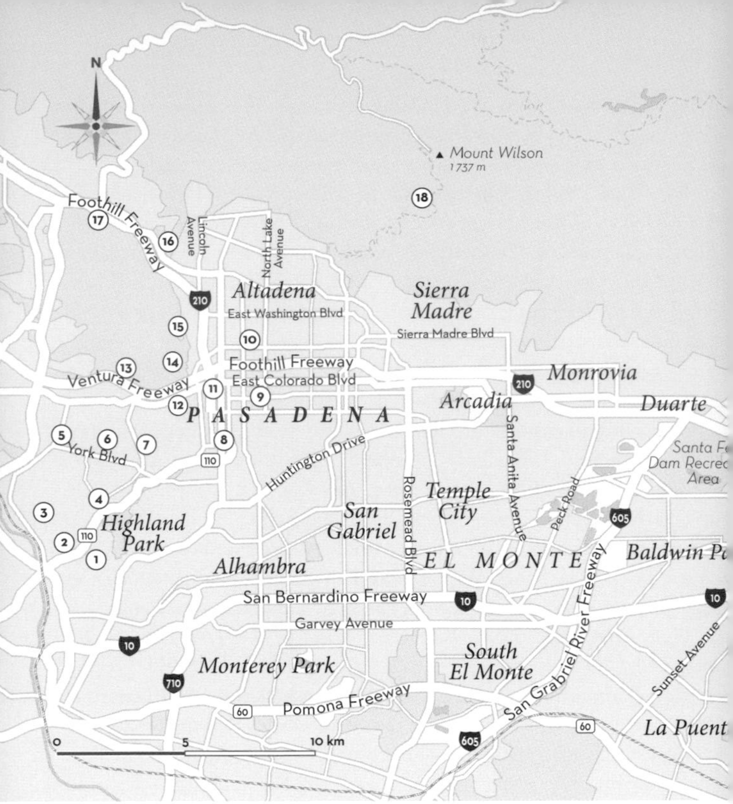

Pasadena und der Osten

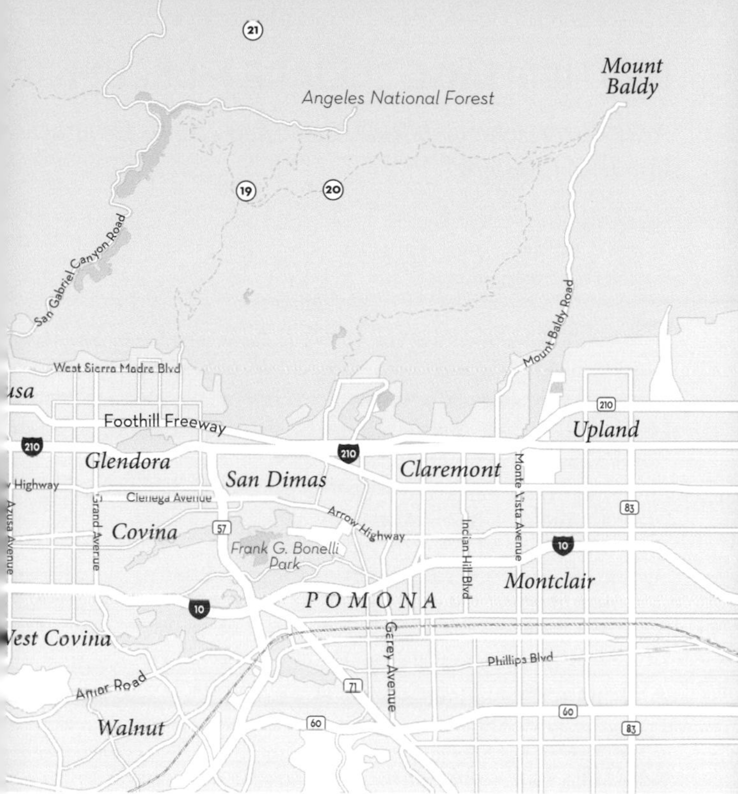
21
Mount Baldy
Angeles National Forest
19
20
San Gabriel Canyon Road
Mount Baldy Road
West Sierra Madre Blvd
Foothill Freeway
210
Upland
Glendora
San Dimas
Claremont
Monte Vista Avenue
Highway
Cienega Avenue
83
Azusa Avenue
Grand Avenue
Covina
57
Arrow Highway
Frank G. Bonelli Park
Indian Hill Blvd
10
Montclair
POMONA
West Covina
Garey Avenue
Phillips Blvd
Amar Road
71
Walnut
60

DAS HERITAGE SQUARE MUSEUM ①

Acht historische Gebäude, die einen echten Umzug hinter sich haben

3800 Homer Street
+1 (323) 225-2700 – heritagesquare.org
Samstags & sonntags von 11–17 Uhr

Es gibt nur wenige Orte auf der Welt, die eine so bunte Mischung verschiedener Gebäude aus unterschiedlichen Epochen vorweisen können. Doch genau das macht den Charme des Heritage Square Museums aus – das streng genommen weniger ein Museum ist als vielmehr eine Zeitreise unter freiem Himmel.

Diese viktorianischen, stilistisch aber höchst unterschiedlichen Gebäude wurden alle zwischen 1850 und 1950 errichtet. Bis in die 1960er-Jahre führten sie ein friedliches Dasein in ihren jeweiligen Stadtvierteln (Lincoln Heights, Boyle Heights, Pasadena, Downtown etc.), doch danach drohte ihnen der Abriss. Um Platz für modernere Gebäude zu schaffen, beschloss man schließlich, die Häuser an einen neuen Standort zu versetzen – und zwar am Stück, ohne sie zu zerlegen!

Auf diese Weise traten also ganze Häuser auf riesigen Anhängern ihre

Reise nach Highland Park an, wo sie heute in unmittelbarer Nähe der Autobahn – was für ein Anachronismus! – von einer vergangenen Epoche zeugen. Damit die Besucher noch stärker in die Geschichte eintauchen können, tragen sogar die Museumsführer historische Kleidung.

Das Museum wurde auf Initiative der *Cultural Heritage Foundation of Southern California* – einer gemeinnützigen Vereinigung, die regelmäßig Spenden sammelt – ins Leben gerufen, um „die Architektur, Umgebung und Kultur Südkaliforniens während der ersten 100 Jahre seines Bestehens (1850 bis 1950) zu erhalten, zusammenzutragen und zu präsentieren" – so die Devise des Vereins.

Das Hale House mit seiner blassgrünen Fassade und seinem Backsteinturm ist wohl das berühmteste unter den Häusern. Aber auch die anderen Gebäude sind einzigartig: darunter ein achteckiges Haus, die edle Perry Mansion, eine Kirche und ein wundervoll restaurierter Drugstore.

Trotz des Mixes aus verschiedenen Stilrichtungen sollte eine dörfliche, wenngleich gutbürgerliche Atmosphäre entstehen – mit einem Wohn- und einem Geschäftsviertel.

Das Ergebnis ist zwar weniger realistisch und lebendig als die ursprüngliche Vision des geschichtsbegeisterten Vereins. Sehr eindrucksvoll wirken die acht Gebäude aber dennoch.

© Los Angeles

LUMMIS HOME („EL ALISAL“) ②

Ein Steinhaus, das ein Mann ganz allein erbaut hat

200 East Avenue 43
laparks.org/historic/lummis-home-and-gardens
mota.dreamhosters.com/lummis-home-and-garden
Samstags & sonntags von 10–15 Uhr – Eintritt frei

Charles Fletcher Lummis arbeitete als Reporter bei der *Los Angeles Times*. Er war ein Zugezogener aus Cincinnati (Ohio), der den ganzen Weg nach Los Angeles zu Fuß zurückgelegt und seine Tour für die Zeitung dokumentiert hatte. Nachdem er den sesshafteren Posten als Chef der Lokalredaktion bekommen hatte, errichtete er sein Haus am Ufer des Flusses Arroyo Seco – und zwar eigenhändig, Stein für Stein.

Das Ergebnis seiner übermenschlichen Anstrengungen, das um 1910

herum fertiggestellt wurde, mutet wie eine Burg an. Das beeindruckende Gebäude spiegelt nicht nur die exzentrische Persönlichkeit seines Eigentümers wider, sondern erinnert mit seinem kleinen Turm und den niedrigen Türen auch an das Refugium eines Eremiten. „El Alisal" („Erlenhain" auf Deutsch) war der Spitzname, den Lummis seinem Wohnsitz gab – dessen Craftsman-Stil einige Jahre später stark in Mode kommen sollte. Der Boden war aus Beton, die Möbel aus Holz (darunter auch einige mit feinen Schnitzereien), und dicke Holzbalken durchzogen die Decke des Wohnzimmers. Die heute zu besichtigenden Gegenstände befinden sich fast alle noch im Originalzustand.

Charles F. Lummis, der auch Historiker, Anthropologe, Fotograf und Kämpfer für die Rechte der indigenen Bevölkerung war, galt als sehr naturverbunden. Doch auch das gesellschaftliche Leben in der Stadt verschmähte er nicht. Nach der Fertigstellung seines Hauses lud er Künstler, Intellektuelle, Musiker und Tänzer zu sich ein, und seine Partys hatten einen legendären Ruf.

Vor seinem Tod vermachte er das Haus dem Southwest Museum – das es an den Staat weiterverkaufte, ehe es die Stadt in Besitz nahm. Heutzutage kann man „Lummis Home" an den Wochenenden besichtigen und dort unter anderem Fotos der Baustelle (das Flussbett war damals trocken) sowie wunderschöne von Lummis gefertigte Glasfenster bestaunen – mit Holzrahmen und Aufnahmen aus der damaligen Zeit, die ebenfalls von Lummis stammen und auf denen indigene Gemeinschaften dargestellt sind. Im Zentrum des Anwesens, im Innenhof zwischen dem Haupthaus und dem Guest House, bekommt man einen guten Eindruck vom Einfluss einer anderen Architekturrichtung: des sogenannten Missionsstils, der das gesamte Gebäude prägt, insbesondere aber den Patio inklusive Säulengang.

DER HIMMLISCHE LAKE SHRINE DER *SELF-REALIZATION FELLOWSHIP* ③

Einer der bezauberndsten Orte in der Region

17190 Sunset Boulevard, Pacific Palisades – lakeshrine.org
Meditation Gardens: Ankunftszeiten mittwochs bis samstags um 10 Uhr und um 13 Uhr, sonntags nur um 13 Uhr (Reservierung erforderlich)
Meditation und Gottesdienst im Tempel: jeden Sonntag um 10 Uhr (keine Reservierung erforderlich)

Die 1946 verfasste *Autobiographie eines Yogi* gilt als eines der wichtigsten spirituellen Bücher des 20. Jahrhunderts. Sein Autor, der berühmte indische Yoga-Meister Paramahansa Yogananda, der seit den 1920er-Jahren mithilfe seiner *Self-Realization Fellowship* für die Verbreitung der Kriya-Yoga-Technik in den USA sorgte, gründete 1950 in Pacific Palisades diese edle Naturoase – die womöglich der schönste Ort in der Region ist. Dieser außergewöhnliche Park war sehr beliebt bei einigen westlichen Musikern und Unternehmern mit einem Hang zum indischen Mystizismus (z. B. Elvis Presley, Steve Jobs und George Harrison, der hier seine Hochzeit feierte). Er lädt dazu ein, sich auf sich selbst zu besinnen und in Einklang mit der Natur zu sein. Ein Weiher, mehrere Tempel, eine Windmühle, die eine Kapelle beherbergt, und ein üppiger Garten rufen zur Meditation und zur Verständigung zwischen den Religionen auf (eine Botschaft, die sich in Form eines anrührenden Denkmals ausdrückt). Eine weitere Besonderheit: In einem kleinen chinesischen Sarkophag, der von Blumen und einer Pergola umgeben ist, ruht auch etwas Asche von Mahatma Gandhi. Der Anführer der indischen Freiheitsbewegung wollte, dass seine sterblichen Überreste in verschiedenen Gewässern auf der ganzen Welt verstreut werden. Daher erhielt Paramahansa Yogananda, der ein Freund des spirituellen Führers war, kurz nach Mahatmas Ermordung einen Teil seiner Asche. Dieser Ort wäre auch ohne eine solche historische Persönlichkeit faszinierend – doch Gandhis Präsenz verstärkt seine magische Aura noch.

Hollywoods Shumei-Zentrum

7406 Franklin Avenue
Der Garten kann auf Anfrage besichtigt werden
B Line, Haltestelle Hollywood/Highland

Die spirituelle Shumei-Gemeinschaft (die ein Ableger der *Church of World Messianity* ist und in Europa teilweise als Sekte bezeichnet wird) wurde im Laufe der 1930er vom japanischen Philosophen Mokichi Okada gegründet. In Hollywood befindet sich ihr Zentrum in einem schönen Haus, das einen Stilmix aufweist (griechische Säulen, spanische Fassaden und französische Fenstertüren). Es gehörte früher der Schriftstellerin und Journalistin Joan Didion und hat alles gesehen, was in Hollywood und der amerikanischen Rockmusik Rang und Namen hatte – Drogen und andere Exzesse eingeschlossen. Der Ort, der von seinen Dämonen gereinigt zu sein scheint, ist heute eine Oase für Patienten. Sie kommen hierher, um ihre geistigen und körperlichen Leiden nach der *Jyorei*-Heilmethode behandeln zu lassen – neben anderen Übungen, die von einem Mix aus Schintoismus, Buddhismus und Christentum inspiriert sind. Darüber hinaus finden hier Teezeremonien, künstlerische Darbietungen und Festivals statt.

CHICKEN BOY

4

Überbleibsel der Route 66: Die sechseinhalb Meter hohe Statue eines Hühnermanns

5558 N Figueroa Street
(+ 1) 323-254-4565
chickenboy.com
futurestudio.typepad.com
Von der Straße aus jederzeit sichtbar
Metro: L Line, Haltestelle Highland Park

Los Angeles ist zwar nicht im Besitz einer Freiheitsstatue, die diesen Namen auch verdient. Aber immerhin können die Angelenos, die seit jeher einen Hang zum Schrägen haben, die sechseinhalb Meter hohe Statue eines Hühnermanns ihr Eigen nennen. Mitte der 1980er-Jahre drohte ihr allerdings die Zerstörung. Doch dann wurde sie von einer Buchdesignerin und Kuratorin gerettet, die die Figur auf dem Broadway (Downtown) entdeckte und auf dem Dach ihrer Galerie installieren ließ.

Laut der offiziellen Website, die infolge eines regelrechten Kults um das tapfere Federvieh mit dem roten T-Shirt und dem gelben Eimer entstanden ist, reicht seine Geschichte aber bis in die 1960er-Jahre zurück.

Ursprünglich stammte die Figur aus einer Serie überdimensionaler Männerskulpturen, die von einer Glasfaserfirma aus Venice angefertigt worden waren. Doch dann verpasste ihr ein Grillhähnchenrestaurant auf dem Broadway, das eine der Skulpturen erworben hatte, den Spitznamen „Chicken Boy" und ersetzte den Kopf des Mannes durch den Kopf eines Huhns. Auf diese Weise wurde der Hühnervogel zu einem bekannten Etappenziel der Route 66, die seinerzeit durch das Stadtzentrum verlief – neben anderen Sehenswürdigkeiten entlang der legendären Straße (siehe Seite 124).

Amy Inouye, die heute als „Chicken Boy's mom" bekannt ist, ließ die Statue 2007 nach Highland Park bringen – auf das Dach ihrer Grafikdesignfirma Future Studio, die gleichzeitig auch eine Kunstgalerie ist. „Als ich 1984 feststellte, dass das Restaurant geschlossen worden war, besorgte ich mir die Telefonnummer des Immobilienmaklers. Ich wollte wissen, was aus der Statue wird […]. Irgendwann rief er mich an und erzählte, dass der Chicken Boy aufgrund von Bauarbeiten abmontiert werden müsse. ‚Wenn Sie ihn wirklich haben wollen, dann holen Sie ihn sich', meinte er", erklärte Inouye 2007 gegenüber der Presse. Es sollte 20 Jahre dauern, bis für den Vogel endlich ein geeigneter Platz gefunden war. 2010 wurde ihm dann vom Gouverneur Kaliforniens, Arnold Schwarzenegger, der Govenor's Historic Preservation Award verliehen.

Die Popularität des Federviehs hat inzwischen allerdings nachgelassen – wie bei so mancher Kultfigur, die an einen anderen Ort verfrachtet wurde. Nur noch ein paar schräge Hipster und Route-66-Fans können sich rühmen, das Huhn und seinen aktuellen Standort zu kennen. Dank Highland Parks Aufstieg zum Szeneviertel konnte der Vogel in den letzten Jahren aber vermutlich wieder an Sichtbarkeit gewinnen.

ROBERT T. MOORES ZOOLOGISCHES LABOR

⑤

Die schillernden Farben einer weltweit einzigartigen Vogelsammlung

Moore Lab of Zoology, Occidental College
1600 Campus Road/Bird Road
+1 (323) 259-2500 – +1 (323) 259-1352
moorelab.oxy.edu
Besichtigungen nur nach Voranmeldung

In den Hügeln von Eagle Rock, im Herzen einer kleinen Privatuniversität (an der Barack Obama zwei Jahre lang studierte), hat ein fantastisches Zoologielabor im Laufe der Jahre ca. 65.000 Vögel katalogisiert, die als Bälge präpariert sind (darunter fast 7.000 Kolibris). Außerdem gibt es noch 1.300 Skelette, mehr als 500 konservierte Eier, zahlreiche Nester und kleine Säugetiere.

Der 1882 geborene Robert T. Moore war Ornithologe und bereiste den gesamten amerikanischen Kontinent, um das Erbgut von einer Vielzahl von Vogelarten zu dokumentieren. Auf diese Weise trug er eine der bedeutendsten Vogelsammlungen der Welt zusammen. 1934 machte er sich daran, die erste vollständige Liste der in Mexiko beheimateten Vögel zu erstellen: ein mühseliges Unterfangen, das ihn bis an sein Lebensende beschäftigen sollte. Vor seinem Tod im Jahr 1958 vermachte Moore seine beeindruckende Sammlung sowie mehrere Gebäude dem 1887 gegründeten Occidental College.

Heute trägt das Labor Moores Namen (kurz MLZ genannt) und gehört zum Fachbereich Biologie. Es nutzt die Vogelsammlung, „um die ornithologische Evolution zu untersuchen – mit einem besonderen Augenmerk darauf, wie sich Umwelteinflüsse auf die geografische Verbreitung, die Artenvielfalt, das Aussehen und die DNA von Vögeln auswirken". Wer das Labor besichtigen will, kann über die Website der Uni einen Termin buchen. Besucher werden von den Professoren und Laboranten mit einer Begeisterung empfangen, die ansteckend wirkt. Man möchte mehr über ihr Spezialgebiet und die Besonderheiten der Vögel erfahren, von denen einige schon über 100 Jahre alt sind. Dutzende von Holztabletts präsentieren eine beeindruckende Vielfalt an Formen, Schnäbeln und schillernden Gefiedern. Alle Vögel sind mit einem Schild versehen, auf dem der wissenschaftliche Name, das Geschlecht, das Datum und der Herkunftsort vermerkt sind. Manchmal sind sich die Merkmale sehr ähnlich und die Vogelreihen weisen erstaunlich bunte Farbschattierungen auf, die von einem Stillleben stammen könnten.

Die wilden Papageien von Pasadena

Einer Legende zufolge soll es in den 1960er-Jahren in einer Tierhandlung in Pasadena einen Brand gegeben haben – wodurch Dutzende von Papageienarten, die ursprünglich aus dem Osten Mexikos stammten (wo sie übrigens vom Aussterben bedroht sind), den Weg in die Freiheit fanden. Seitdem sollen sie in der Region heimisch geworden sein und sich massiv vermehrt haben. Um sie zu sehen, muss man in Pasadena manchmal einfach nur in die Bäume hochschauen, ganz besonders im Frühling.

DAS POLIZEIMUSEUM VON LOS ANGELES

⑥

LAPD: vier Buchstaben, die zum Mythos geworden sind

Los Angeles Police Museum, 6045 York Boulevard
(+1) 323-344-9445 – laphs.org
Dienstags & donnerstags von 10–14 Uhr (nur nach Reservierung, Tickets über die Website buchbar); Für Kinder unter fünf Jahren gratis
Metro: L Line, Haltestelle Highland Park Station

Das Polizeimuseum von Los Angeles befindet sich in der ehemaligen Highland Park Police Station, der ältesten Polizeiwache der Stadt – was den Rahmen verblüffend realistisch wirken lässt. Beim Betreten des Neorenaissance-Gebäudes aus dem Jahr 1926 (das restauriert wurde und nun unter Denkmalschutz steht) ist man dennoch überrascht: Denn dort

sind neben dem kleinen Empfangsschalter, der so charakteristisch für die amerikanischen Polizeistationen ist, sogar noch die alten Zellen der Gefangenen zu sehen. Die „Old Number 11", wie die Polizeiwache auch genannt wird, war fast 20 Jahre lang geschlossen. Doch dann entschied die *Los Angeles Police Historical Society (LAPHS)* sie zu sanieren, um hier Fahrzeuge, Artefakte und Dokumente unterzubringen.

LAPD: Diese vier Buchstaben sind ein Symbol der amerikanischen Kultur geworden und sie stehen für Ordnungshüter, die in die Legende eingegangen sind. Deren berühmte nachtblaue Uniformen werden auf der oberen Etage mit großem Stolz präsentiert, während sich im Nebenraum die Ermittlungsarchive zu den grausamsten, schlagzeilenträchtigsten Fällen auf schwindelerregende Weise aneinanderreihen: der Tod der „Schwarzen Dahlie" 1947, die Morde der Manson Family 1969, die Schießerei der *Black Panthers* 1974, die Greueltaten des Serienkillers von Skid Row 1975, Nicole Brown Simpsons Ermordung 1994 … eine Art Goldgrube des Verbrechens und des Namedroppings, die diverse Schriftsteller und Regisseure inspirierte (von Raymond Chandler über James Ellroy bis hin zu Billy Wilder). Im Innenhof geben sich Autos, Hubschrauber und Polizeipanzer ihrer wohlverdienten Ruhe hin – nach einem Leben voller Verfolgungsjagden und Unruhen in einer der Städte der USA mit der höchsten Verbrechensrate und den meisten Polizeieinsätzen.

Die Cafeteria der Police Academy

Die auf dem Gelände der L.A. Police Academy, in der Nähe des Dodger Stadiums gelegene Cafeteria der Polizeiakademie (Los Angeles Police Revolver and Athletic Club Cafe, 1880 North Academy Drive) wurde 2017 nach einer Renovierung wiedereröffnet. Und so erstaunlich dies auch erscheinen mag – man kann hier tatsächlich inmitten von Polizisten in blauen Uniformen, zwischen neuen Rekruten und erfahrenen Cops und Detectives, einen Kaffee, Eier und Pancakes genießen, und zwar auf schwarzen Kunstlederbänken und umgeben von alten Archivfotos: ein echtes Erlebnis! Doch auch wenn das Café für die Öffentlichkeit zugänglich ist (montags bis freitags von 6–14 Uhr), kann der Besuch schon ein wenig einschüchtern, und nur wenige Leute von außerhalb trauen sich hierher. Um zum Café zu gelangen, müssen Sie den Sicherheitsposten passieren und dann die Außentreppe hochgehen. Danach laufen Sie den Weg auf der rechten Seite entlang, bis Sie die steinerne Fassade sehen.

DIE GLOCKE DER KIRCHE „CHURCH OF THE ANGELS“

⑦

Englische Countryside-Atmosphäre in Pasadena

1100 Avenue 64
(+1) 323-255-3878 – coa-pasadena.org
Kirche das ganze Jahr über geöffnet, Gottesdienst sonntags um 9 Uhr

Einen Moment lang könnte man glauben, die Autobahnkreuze und die in den azurblauen Himmel ragenden Palmen wären bloß eine Fata Morgana. Die älteste Kirche Pasadenas wirkt in dieser Umgebung etwas fehl am Platze, denn ihre Formen erinnern eher an ein Gotteshaus auf den Britischen Inseln als an irgendeinen lokalen Architekturstil.

Die Church of the Angels („Kirche der Engel“) wurde 1889 im Auftrag von Frances Campbell Johnston erbaut – zum Gedenken an ihren verstorbenen Ehemann, den Diplomaten Alexander Robert Campbell

Johnston. Sie steht auf dem Gelände, auf dem sich ursprünglich die San Rafael genannte Ranch der Familie befand. Damals gab es in diesem Teil Südkaliforniens noch sehr viele Farmen.

Der britische Architekt Arthur Edmund Street kümmerte sich um die Baupläne und schickte sie anschließend an Ernest A. Coxhead, der etwa ein Dutzend Kirchen in Los Angeles entwerfen sollte. Mit Ausnahme des Turms, der bei einem Erdbeben beschädigt wurde, sind alle Teile des Gebäudes noch im Originalzustand.

Die Glocke in der Nähe des Eingangs, die heute noch läutet, hat eine besondere und sehr persönliche Geschichte: Ursprünglich befand sie sich im Zentrum der Ranch und diente dazu, Bewohner und Bedienstete zum Mittag- und Abendessen zusammenzurufen. Zunächst hatte sie also keine religiöse Funktion. Nach dem Tod ihres Besitzers klang ihr Geläut jedoch umso eindringlicher und die neu errichtete Gedenkkapelle diente der Siedlung Garvanza, die etwas weiter südlich am Ufer des Arroyo Seco lag, als Gotteshaus.

2017 wurde ein Teil der Kirche von Graffiti-Sprayern und Brandstiftern beschädigt. Doch dank einer sehr aktiven und engagierten Gemeinde konnte sie ihre frühere Pracht schnell wiedererlangen: Sonntagmorgens finden hier weiterhin Gottesdienste statt – und Hochzeiten, sowohl reale als auch fiktive. Da Hollywood von der perfekten Ästhetik des Ortes sehr angetan ist, wurden hier diverse Serien und Filme gedreht. Es wirkt so, als könnten inmitten dieser Storybook-Architektur jederzeit eine Prinzessin und ein charmanter Prinz auftauchen.

Egal ob man im Inneren die Orgel und den Altar oder außen die Details an der Fassade bewundert – der Besuch ist ein Erlebnis und er bleibt auch ganz besonders wegen des anachronistischen Standorts der Kirche im Gedächtnis.

Draußen, auf einer sonnenuhrförmigen Rasenfläche, trägt der namensgebende Engel ein Kreuz auf dem Rücken und hält geduldig Wache. Und drinnen in der Kirche gibt es ein riesiges Buntglasfenster, das seinerzeit in London von der Firma Cox & Buckley angefertigt wurde und als eines der spektakulärsten der USA gilt.

DIE RIESENGABEL VON PASADENA

(8)

Ein schmackhaftes Geburtstagsgeschenk

„Fork Plaza“
200 Bellefontaine Street
pasadenasforkintheroad.blogspot.com
coffeegallery.com

Das Wortspiel mit dem Wort *fork* (Gabel sowie Weggabelung) ist nur schwer ins Deutsche zu übersetzen. Dabei hat es in Pasadena zur Installation einer 5,5 Meter hohen, witzigen Skulptur geführt – und zwar ohne dass die zuständigen Behörden vorher zugestimmt hätten. Nach einigem juristischen Tauziehen gab die Stadt aber schließlich ihren Segen, und heute thront die Gabel stolz auf der Kreuzung zwischen der South Pasadena Avenue und der South St. John Avenue. Erwähnen sollte man außerdem noch, dass Bob Stane, zu dessen Ehren das riesige Küchenutensil ursprünglich errichtet worden war, eine außergewöhnliche Persönlichkeit ist. Er ist nicht nur eine Säule der hiesigen Folk (fork?)-Szene und der Entdecker zahlreicher Talente, sondern er hat auch den reizenden kleinen Konzertsaal „Coffee Gallery Backstage" in Altadena ins Leben gerufen – und das in einem Alter, in dem andere in Rente gehen. Innerhalb weniger Jahre hat sich die Bühne zu einem sehr beliebten Ort in der Region gemausert. Und auch die Gabel ist für einige Überraschungen gut …

Dieses mit einem metallischen Anstrich versehene Holzobjekt wurde Ende Oktober 2009 vom Künstler Ken Marshall angefertigt – anlässlich des 75. Geburtstags seines Freundes Bob Stane. Ein paar als Straßenarbeiter verkleidete Fans gruben dann eines Nachts ein Loch auf besagter Straßenkreuzung, um das sperrige Geschenk in einer Betonplatte zu verankern und mit einem Holzgerüst zu stützen. Die freudige Überraschung währte aber nicht lange: Auf Anordnung von Pasadenas Stadtverwaltung wurde die Gabel einige Monate später wieder von der Kreuzung entfernt. Am Ende wurden die nötigen Genehmigungen dann aber doch noch erteilt, und die Skulptur konnte 2011 an ihren Standort zurückkehren. Hier finden nun Wohltätigkeitsaktionen wie zum Beispiel Lebensmittelsammlungen statt.

Bob Stanes Werdegang ist genauso wenig geradlinig wie seine Riesengabel. Vor seinem musikalischen Abenteuer und dessen kulinarischem Pendant war seine bekannteste und anerkannteste Leistung der legendäre Comedy-Klub The Ice House in Pasadena, den er von 1960 an zusammen mit Willard Chilcott betrieb. Hier wurden zahlreiche Künstler entdeckt (z. B. David Letterman, Jay Leno, Tom Waits und Steve Martin). Das bescherte den Angelenos Appetit auf Comedians mit einer Vorliebe fürs Absurde. So absurd wie die Riesengabel auf der Straßenkreuzung darf es mindestens sein.

DIE GEHEIMNISSE DES JACKIE-UND-MACK-ROBINSON-DENKMALS ⑨

Achten Sie auf die Blickrichtung der beiden Athleten – und nehmen Sie ihre Haare näher in Augenschein

Jackie and Mack Robinson Memorial, 101 Garfield Avenue

Zwei Brüder, die in Pasadena zwischen der John Muir High School und der dortigen Universität aufgewachsen sind. Zwei außergewöhnliche Athleten. Zwei verschiedene Lebenswege …

Jackie Robinson, ein unermüdlicher Bürgerrechtsaktivist, wurde zur Legende, als er am 15. April 1947 die Color Line in der MLB (Major League Baseball) durchbrach, indem er für die Brooklyn Dodgers auflief. Branch Rickey, der General Manager des Klubs, warb Jackie an, als dieser noch für die Kansas City Monarchs in den Negro Leagues spielte, nach einer Zwischenstation bei den Montreal Royals. Auf diese Weise beendete der Verein die jahrzehntelange Rassentrennung im Baseball. 2004 ernannte die MLB den 15. April sogar zum „Jackie Robinson Day“. Matthew Robinson hingegen, der „Mack“ genannt wurde, war zwar nicht

so bekannt und berühmt wie sein jüngerer Bruder. Doch man sollte nicht vergessen, dass er 1936 bei den Olympischen Spielen in Berlin unter den Augen Adolf Hitlers die Silbermedaille im 200-Meter-Lauf gewann (vier Zehntelsekunden hinter Jesse Owens, dem unbestrittenen Helden der Spiele). Wieder zurück in Pasadena, setzte Mack sich unter anderem dafür ein, die Kriminalitätsrate in der Stadt zu senken.

Das hübsche Denkmal, das die Brüder seit 1997 ehrt, besteht aus ihren imposanten Köpfen, die jeweils in eine andere Richtung schauen: Jackie blickt gen Osten, genauer gesagt nach Brooklyn, also jenem Stadtbezirk in New York, in dem er einen Großteil seiner Karriere verbrachte. Mack wiederum schaut auf Pasadenas Rathaus, denn er hat diese Stadt niemals verlassen.

Auf den ersten Blick wirken die beiden Bronzeskulpturen nicht besonders spektakulär. Mit ihren drei Metern Höhe strahlen sie eine feierliche Ruhe aus. Eine Infotafel in der Nähe stellt die beiden Brüder vor. Doch die Bildhauer Ralph Helmick und John Outterbridge warten noch mit einer Überraschung auf: Ins Bronzehaar der Athleten haben sie eine Vielzahl von Elementen, Zeichnungen und Anekdoten eingraviert, die nur aus nächster Nähe zu sehen sind.

Wenn man sich den scheinbar „glatten" Afrofrisuren der beiden Brüder nähert, entdeckt man in ihrer metallenen Haarpracht ein Geflecht aus kleinen Details, die ihr Leben beschreiben und wie Tätowierungen oder ein Flachrelief mit persönlichen Motiven und Inschriften anmuten. Ihre größten Erfolge, wichtige Daten, ihre politischen und gesellschaftlichen Engagements, Reden und berühmte Stationen ihrer Sportlerkarriere überziehen die beiden Bronzeschädel. Das Kunstwerk soll eine Hommage der ganzen Stadt sein. Doch es stellt auf bewegende Weise die teils geheimen und im Verborgenen geführten Kämpfe von Jackie und Mack Robinson dar, die sich auf und neben dem Sportplatz für Gleichberechtigung einsetzten.

Am 15. April 2017 wurde am Dodger Stadium in Los Angeles eine weitere Jackie-Robinson-Statue eingeweiht, die die Karriere des Baseballspielers würdigt und den 70. Jahrestag seines ersten Profimatchs feiert. 1957 war die Dodgers-Franchise nämlich von New York nach L.A. umgezogen, wodurch Jackie seine Karriere „zu Hause" beenden konnte. Die im Maßstab 1:1 gefertigte Bronzestatue zeigt den Sportler in voller Aktion, wie er gerade eine Base stiehlt.

DAS „BUNGALOW HEAVEN“-VIERTEL

⑩

Eine außergewöhnliche Ansammlung von 800 Arts-&-Crafts-Häusern

Bungalow Heaven, Pasadena
Das Viertel wird im Norden vom East Washington Boulevard, im Süden vom Orange Grove Boulevard, im Westen von der North Lake Avenue und im Osten von der North Hill Avenue begrenzt: Die Straßen sind das ganze Jahr über zugänglich
(+1) 626-585-2172 – bungalowheaven.org
Die Häuser können einmal im Jahr besichtigt werden, in der Regel im April (Informieren Sie sich auf der Website über die Termine)
Metro: L Line, Haltestelle Lake Station

Mitten in Pasadena, nicht weit von der Interstate 210 entfernt, gibt es ein ganz besonderes Viertel. Es besteht aus 800 kleinen

Häusern, eins hübscher als das andere. Auch sein Name klingt charmant: „Bungalow Heaven“ („Bungalow-Himmel“) – wobei es sich bei den Bungalows um Einfamilienhäuser mit gemeinsamen Merkmalen handelt. Die in schattigen Alleen gelegenen Gebäude zeichnen sich nämlich alle durch die Besonderheit aus, dass sie in etwa zur gleichen Zeit in dem für Kalifornien so charakteristischen Arts-&-Crafts-Stil erbaut wurden.

Diese Architekturbewegung legte großen Wert auf eine Annäherung an die Natur, vor allem durch die Verwendung von Materialien wie Holz und Stein. Auf diese Weise widersetzte sie sich der rasanten Industrialisierung zu Beginn des letzten Jahrhunderts.

Breite Veranden, viele Säulen, offen gestaltete Innenräume, überdachte Eingänge, die oft ebenerdig liegen, und Satteldächer wie bei Chalets charakterisieren diesen Stil, der seine typisch amerikanische Ausprägung im *Abwahnee Hotel* im Herzen des Yosemite-Nationalparks findet. Er wird auch als „National Park Service Rustic Style“ oder „Parkitecture“ bezeichnet und lässt eher an die Berge als an die Wüste denken. Im Inneren der Häuser ist Holz vorherrschend, Regale und andere Möbel fügen sich harmonisch ins Gesamtbild ein.

2008 wurde das „Bungalow-Heaven“-Viertel ins National Register of Historic Places aufgenommen, nachdem es 1989 der erste „sehenswerte Ort“ der Stadt geworden war. Die 16 Häuserblocks sind aber nicht nur in historischer Hinsicht interessant, sondern sie sind auch eine Oase der Ruhe für ihre Bewohner, die hier fast wie in einem Dorf leben und von einer starken Gemeinschaft profitieren. Ihr kleines Paradies schafft es übrigens regelmäßig unter Amerikas beliebteste zehn Orte zum Wohnen.

DIE TRÄNEN DES ARMENISCHEN GENOZID-MAHNMALS ⑪

Alle 21 Sekunden ein Tropfen

162–172 East Walnut Street, Pasadena

Mit mehr als einer Million Armeniern in den USA ist die armenische Community die zweitgrößte Diaspora nach Russland. Sie ist vor allem in Südkalifornien stark vertreten, besonders im San Fernando Valley, im Norden von Los Angeles. In Glendale sind fast 40 % der 200.000 Einwohner armenischer Herkunft, was es zur zweitgrößten armenischen Stadt der Welt macht – hinter Eriwan, der Hauptstadt dieses kleinen im Kaukasus gelegenen Landes (eine Million Einwohner). Viele von ihnen stammen von Familien ab, die Anfang des 20. Jahrhunderts nach Amerika ausgewandert sind, um der türkischen Verfolgung zu entgehen.

Das Genozid-Mahnmal in Pasadena, das 2015 auf Initiative eines engagierten Komitees eingeweiht wurde, ist zwar nicht ganz so beeindruckend wie die Völkermord-Gedenkstätte in Montebello (ein 23 Meter hoher Betonturm etwa 30 Kilometer weiter südlich, der 1968 eröffnet wurde). Doch es erinnert ebenfalls an die Ermordung der 1,5 Millionen Armenier, die zwischen 1915 und 1923 der Jungtürken-Regierung des Osmanischen Reichs zum Opfer fielen.

Das dreibeinige Metallmonument am Rande des Memorial Parks, das in der Nähe des Levitt Pavilion steht, thront wie ein Leitstern über einem Brunnen. Von der Spitze des Monuments löst sich alle 21 Sekunden ein Wassertropfen, der eine Träne symbolisieren soll. Auf diese Weise kommen im Jahr 1,5 Millionen „Tränen" zusammen – für alle Opfer des Völkermords. Jedes Jahr am 24. April finden sich hier am Mahnmal zahlreiche Familien ein, um der Toten zu gedenken – von denen die große Mehrheit (Frauen und Kinder) in die syrische Wüste in Konzentrationslager geschickt wurde und an Hunger und Hitze starb. In den USA kämpfen die Nachfahren bis heute dafür, dass auch die türkische Regierung endlich den Genozid anerkennt – wie es bereits viele andere Staaten auf der Welt getan haben.

Bis jetzt war das Mahnmal eher einem kleinen Kreis bekannt. Doch mittlerweile weisen mehrere Schilder entlang der Interstate 210 auf das Monument hin – dank einer 2017 vom kalifornischen Senat genehmigten Initiative.

DIE SELBSTMORD-BRÜCKE IN DER COLORADO STREET ⑫

Mehr als 150 Tote in hundert Jahren

Colorado Street Bridge, 504 West Colorado Boulevard
Die Colorado Street heißt inzwischen Colorado Boulevard. Um zur Brücke zu gelangen, nehmen Sie die Ausfahrt Orange Grove auf dem Highway 134. Dann fahren Sie Richtung Süden und biegen zunächst rechts in die Green Street und danach rechts in die Grand Avenue ab. An dem schattigen kleinen Park in der Sackgasse können Sie parken und von dort aus zu Fuß zur Brücke laufen. Es ist verboten, mit dem Auto auf der Brücke zu halten

Die 1912 errichtete Colorado Street Bridge ist ein grandioses Bauwerk, das einige Jahre lang sogar Teil der legendären Route 66 war. Sie überspannt das Tal des Flusses Arroyo Seco zwischen der Altstadt von Pasadena und dem Stadtteil Eagle Rock. Die imposante Brücke, die 45 Meter hoch ist und schöne Beaux-Arts-Bögen und Laternen aufweist, wurde 1981 ins National Register of Historic Places aufgenommen.

Im Laufe der Jahre hat sie sich jedoch einen speziellen Ruf erworben – der die lokalen Behörden dazu veranlasst hat, die Brücke mit einem hohen Sicherheitszaun zu versehen. Dieser versperrt zwar teilweise die Sicht, soll aber vor allem Passanten davon abhalten, in die Tiefe zu springen.

An vielen Orten auf der Welt gibt es berühmt-berüchtigte „Selbstmörderbrücken“, die Einheimische zum Freitod wählen. Doch die Colorado Street Bridge weist seit den 1930er-Jahren eine besonders hohe Selbstmordrate auf. Mehr als 150 Menschen haben sich hier schon in den sicheren Tod gestürzt, der erste 1919 und etwa fünfzig weitere allein zwischen 1933 und 1937 (während der Großen Depression). Oder auch das Drama von 2008, als sich ein Mann, der zuvor seine Ex-Frau und seine Großmutter erstochen hatte, an dieser Stelle das Leben nahm.

Trotz des Sicherheitszauns, der 1993 errichtet wurde, blieb der Spitzname bestehen. Und natürlich gibt es auch Geschichten von Geistern und Gespenstern, die in der Nähe der Brücke herumspuken sollen und Passanten oder Obdachlose erschrecken. Unterhalb der Brücke, im Schatten der riesigen Betonpfeiler, strahlt das Viertel mit seinen stattlichen Häusern eine luxuriöse Ruhe, aber gleichzeitig auch eine seltsame Atmosphäre aus. Fahren Sie einmal bei Einbruch der Dunkelheit mit dem Auto hindurch, nachdem Sie über die Brücke gelaufen sind. Die Stadt Pasadena nimmt das Thema Selbstmorde (manchmal sind es mehrere in wenigen Monaten) jedenfalls sehr ernst. Vor Kurzem hat sie am Anfang der Brücke ein Schild mit der Aufschrift „There is hope“ („Es gibt Hoffnung“) anbringen lassen – gefolgt von einer speziellen Notrufnummer, wo Menschen mit düsteren Gedanken Hilfe erhalten.

EAGLE ROCK

⑬

Eine Felsformation, deren Schatten an einen Adler erinnert

5499 Eagle Rock View Drive

Der zwischen Glendale und Pasadena gelegene Stadtteil Eagle Rock ist als ruhiger Wohnort bekannt, an dem Familien gern ihre Kinder großziehen (und wo die Gentrifizierung – ähnlich wie im benachbarten Highland Park – langsam, aber stetig voranschreitet). Er beheimatet aber auch die wunderbare Universität Occidental College, die zwischen Hügeln eingebettet liegt (wo auch ein gewisser Barack Obama zwei Jahre lang studierte). Seinen Namen verdankt der Stadtteil jedoch einer majestätischen, adlerförmigen Felsformation, die man sieht, wenn man den Ventura Freeway entlangfährt.

Das Tier, das wie in den Stein gemeißelt wirkt, fliegt je nach Lichteinfall auf unterschiedliche Weise davon. Zu bestimmten Tageszeiten meint man fast, einen Adlerkopf im Profil zu erkennen. In anderen Momenten wiederum, abhängig vom Schattenwurf, sind es seine ausgebreiteten Flügel, die an der Felsflanke zu sehen sind. Das Interesse an diesem Granitvogel setzte Ende des 19. Jahrhunderts ein – insbesondere nachdem Erzherzog Ludwig Salvator von Österreich-Toskana die erste Zeichnung der geologischen Felsformation angefertigt hatte, die den spanischen Siedlern unter dem Namen *Piedra Gorda* („Dicker Felsen") bekannt war. „Die Piedra Gorda, die die Landschaft überragt, ist ein imposanter Felsen aus Granitgestein. Auf der einen Seite hat sie zwei klar umrissene Vertiefungen, in denen Schwalben ihre Nester gebaut haben", notierte er in einem seiner Forschungshefte.

1996 kaufte die Stadt Los Angeles den Felsen. Seither ist er zu einem Tummelplatz für Wanderer und Kletterer geworden. Der Rundweg Eagle Rock Canyon Trail, der 2006 eröffnet wurde, bietet an klaren Tagen einen fantastischen Ausblick auf das gesamte Becken, einschließlich Catalina Island, Palos Verdes, Hollywood und Downtown. Und wer weiß, vielleicht erblicken Sie vom Adlerfelsen aus ja auch den berühmten „American Eagle", einen Weißkopfseeadler (engl. *bald eagle*, das Wappentier der USA). Nachdem er jahrelang vom Aussterben bedroht war, tritt er in Südkalifornien nun wieder vermehrt in Erscheinung. Seit 2017 wurden Dutzende Exemplare im Stadtgebiet gesichtet, die auf dem Weg aus den weiter nördlich gelegenen Bundesstaaten zu den Seen in der Region waren.

DAS MUSEUM FÜR FINNISCHE VOLKSKUNST

(14)

Besichtigung mit Bonustour

Finnish Folk Art Museum–Pasadena Museum of History, 470 West Walnut Street
(+1) 626-577-1660
pasadenahistory.org/tours/finnish-folk-art-museum – finlandiafoundation.org
Geführte Besichtigungen in der Mansion einmal im Monat sonntags von 11–12.30 Uhr
An Feiertagen und am Tag nach Thanksgiving geschlossen
Im Eintrittspreis inbegriffen sind die Fenyes Mansion und die laufenden Ausstellungen: Auf Nachfrage beziehen die Museumsführer manchmal aber auch das benachbarte kleine Museum für finnische Volkskunst in ihre Tour mit ein

Nachdem wir vor dem idyllischen Eingang des Pasadena Museum of History geparkt hatten, erwarteten wir eigentlich, besagtes Museum für finnische Volkskunst in einer kleinen Holzhütte vorzufinden – inklusive Sauna und diverser Artefakte, die von einer lange

zurückliegenden Einwanderung zeugen. Umso verwirrter sind wir, als uns unsere ehrenamtliche Museumsführerin Andrea Sossin Bergman zu einem herrschaftlichen Gebäude führt, das an das Weiße Haus erinnert und anscheinend einer New Yorker Geschäftsfrau und einem ungarischen Entomologen gehörte, die sich in Ägypten kennengelernt hatten.

Doch dann klärt sich das Ganze auf: Die Eintrittskarte gewährt zunächst einmal Zugang zur Fenyes Mansion, einem neoklassizistischen Gebäude im Beaux-Arts-Stil, das 1970 in ein der Stadt Pasadena und dem San Gabriel Valley gewidmetes Museum umgewandelt wurde. Das 1906 von Robert Farquar für Eva Scott und ihren Mann Adalbert Fenyes entworfene Herrenhaus, das in der sogenannten Millionärsallee liegt, beherbergt antike Möbel aus aller Welt und wunderschöne Gemälde.

Und was hat all das nun mit Finnland zu tun? Leonora, die Enkelin des Paares mit Spitznamen „Babsie“, eine Linguistin, die einige Zeit bei indigenen Völkern verbrachte, heiratete 1946 den finnischen Diplomaten Yrjo A. Paloheimo, der der erste Konsul des skandinavischen Landes in Südkalifornien wurde. Nachdem die Fenyes Mansion 16 Jahre lang als Konsulat gedient hatte, wurde daraus wieder ein fast normales Haus, in dem das Paar seine vier finnischen Adoptivkinder aufzog. Letztere waren es auch, die das Haus der Stadt Pasadena schenkten.

Zwischendurch, im Jahr 1949, hatte sich der Konsul, der sich nach seinem Heimatland sehnte, ein schweizerisch anmutendes Chalet zugelegt (das zuvor dem amerikanischen Politiker Arthur Flemming als Garage gedient hatte) und auf sein Grundstück bringen lassen. Paloheimo ließ darin eine Sauna einbauen und wandelte das Chalet in ein Gästehaus um. Um den Garten kümmerte er sich selbst, und von seinen Reisen nach Finnland brachte er rustikale Gegenstände aus ländlichen Gebieten mit.

Er gründete auch eine Stiftung, die *Finlandia Foundation*, die dieses charmante, schlichte Häuschen heute als Museum unterhält. Es liegt nur wenige Schritte vom prachtvollen Hauptgebäude entfernt und kann manchmal im Anschluss an die Besichtigungstour besichtigt werden. Im Inneren finden sich zahlreiche traditionelle finnische Werkzeuge und Utensilien, Alltagskleidung und Teppiche, die von einheimischen Bauern angefertigt wurden. In der Mitte des Wohnzimmers, das mit handgeschnitzten Stühlen eingerichtet ist, steht ein offener Kamin, auch *Takka* genannt. Er verfügt über metallene Ständer, auf denen man Brot und Fleisch trocknen kann. Dieser Ausschnitt aus dem Leben der einfachen Leute kontrastiert eindrucksvoll mit der Opulenz des Herrenhauses nebenan. Aber Achtung: Da die meisten Besucher nur für die Fenyes Mansion hierher kommen, ist die Besichtigung des finnischen Museums nicht automatisch im Preis inbegriffen. Falls Sie Interesse daran haben, sprechen Sie einfach Ihren Führer darauf an. Er bringt Ihre Gruppe sicher gern dorthin.

DAS GAMBLE HOUSE

Ein „Moment der Schönheit, der die Monotonie des Lebens durchbricht"

4 Westmoreland Place – (+1) 626-793-3334 – gamblehouse.org
Dienstag und Donnerstag bis Sonntag für Führungen geöffnet (Tickets über die Website buchbar)
„Brown Bag Tuesdays": Dienstags kann man sich etwas zu essen mitbringen und mittags auf der Terrasse des Hauses genießen. Um 12.30 Uhr findet dann eine 20-minütige Führung statt
Metro: L Line, Haltestelle Memorial Park

Das Gamble House in Pasadena ist ein echtes Meisterwerk. Es gehört zu den schönsten Zeugnissen des naturnahen Arts & Crafts-Architekturstils, der von den amerikanischen Nationalparks inspiriert wurde und einen Kontrapunkt zur Industrialisierung des frühen 20. Jahrhunderts setzte – bei der Metall allgegenwärtig war. Dieses Schmuckstück aus Holz, das um einiges exklusiver, bourgeoiser und imposanter ist als das charmante kleine Viertel Bungalow Heaven, das im selben Stil erbaut wurde (siehe Seite 184), ist ein absolutes Muss.

Das kostbare Juwel, bei dessen Besuch seine Fans ins Schwärmen geraten und von einem „Moment der Schönheit, der die Monotonie des Lebens durchbricht" sprechen, thront auf einem kleinen, grasbewachsenen Hügel in der Nähe des Arroyo Seco. Es wurde 1908 von den amerikanischen Architekten Charles und Henry Greene entworfen – im Auftrag von David Gamble, dem Erben des Kosmetikkonzerns Procter & Gamble. Wände, Fenster und architektonische Details sind mit kunsthandwerklichen Motiven (Blätter, Zweige, Blüten und Insekten) geschmückt, die charakteristisch für diesen auch von Japan beeinflussten Stil sind. Man achte insbesondere auf die Holzverkleidungen, Buntglasfenster und Laternen und Lampen, die das Haus zieren. Die originelle, eindrucksvolle Haupttreppe ist allein schon einen Besuch wert.

Die Terrasse, die dienstags für jedermann geöffnet ist, eignet sich bestens für ein Mittagessen im Grünen. Im Jahr 1966 bot Cecil Gamble das Haus zum Verkauf an. Doch als er hörte, dass ein potenzieller Käufer die Teak-Täfelung und andere Teile des Gebäudes weiß streichen wollte, war er entsetzt und machte prompt einen Rückzieher. Stattdessen schenkte er das Haus der Stadt Pasadena und der Architekturschule der University of Southern California (USC). Eine gute Entscheidung.

© Cullen328

DER STAUDAMM AN DER „TEUFELSPFORTE“

16

Der Legende nach ein Tor zur Hölle

Devil's Gate, 123 Oak Grove Drive, La Cañada Flintridge
Vom Hahamongna Park aus (wo Sie parken können) laufen Sie an der Autobahn entlang Richtung Süden und nehmen dann die Stufen, die von der Brücke hinabführen. Wenn Sie unten sind, gehen Sie nach rechts und folgen dem kleinen Bach durch die Büsche hindurch, die oft den Weg versperren. Jetzt sind Sie am Ziel. Der Tunnel ist nicht mehr zugänglich, aber die Fratze des Teufels am Eingang ist immer noch gut sichtbar

Man benötigt keine überbordende Fantasie, um am Fuße dieses stillgelegten Staudamms zwischen Pasadena und La Cañada Flintridge das Profil des Teufels auszumachen. Die markanten Ohren, die Nase eines Fauns, das vorstehende Kinn, die tief liegenden Augen und die auffälligen Hörner – alles ist da, inmitten von Felsgestein. Doch dieser Ort ist weit mehr als die Heimat eines großen, leicht furchteinflößenden Felsens mit menschlichem Antlitz.

Der in den 1920er-Jahren errichtete Staudamm, der den Felsen überragt, wurde einige Jahrzehnte später zu einem Treffpunkt von Anhängern okkulter Lehren. Allen voran L. Ron Hubbard, der umstrittene Gründer von *Scientology*, jener pseudowissenschaftlichen Psychotechnik („Dianetik"), die ab 1953 zu einer religiösen Bewegung wurde.

In besagtem Tunnel, der unterhalb der Straße verläuft (und heutzutage durch ein Gitter verschlossen ist), sollen Hubbard und seine Jünger spiritistische Séancen abgehalten haben – in der Hoffnung, eine antichristliche Figur zum Leben zu erwecken. Einige Jahrhunderte zuvor assoziierten die Tongva-Indianer das Geräusch des durch die Schlucht fließenden Wassers mit einem Lachen und schrieben es dem Geist des Kojoten zu.

Es hätte nicht noch mehr schauriger Geschichten bedurft, um Devil's Gate für immer zu einem gruseligen und verfluchten Ort zu machen. Einige gläubige Menschen meinen gar, Hubbard und die Seinen hätten hier das Tor zur Hölle geöffnet. Um 1950 herum wurde die Legende dieser „Teufelspforte" noch zusätzlich durch das Verschwinden mehrerer Kinder befeuert, die sich in der Nähe des Staudamms aufgehalten hatten. Es sollte 13 Jahre dauern, ehe Mack Ray Edwards, ein Straßenwärter und Serienmörder, der damals in der Gegend sein Unwesen trieb, die Morde gestand und zugab, die Leichen im Beton des nahe gelegenen Freeway 210 versteckt zu haben.

Auch heute noch üben der trockene Staudamm, sein diabolischer Felsen und der unheimliche Tunnel eine große Faszination auf die Fans von übersinnlichen Phänomenen aus. L. Ron Hubbard verstarb 1986, doch die Mutterkirche von *Scientology* mit ihrer unverkennbaren blauen Fassade hat ihren Sitz weiterhin in Los Angeles.

DER WALD DER ALTEN BÄUME IN DEN DESCANSO-GÄRTEN (17)

Pflanzen, die aus der Zeit der Dinosaurier stammen

Descanso Gardens
1418 Descanso Drive, La Cañada Flintridge
(+1) 818-949-4200
descansogardens.org
Täglich von 9–17 Uhr geöffnet

Dieser Spaziergang im Spaziergang – inmitten von Gärten, die zu den schönsten der Region zählen – verspricht eine Zeitreise in eine ferne Vergangenheit.

Wenn man nach links auf den Weg abbiegt, der zu den Anhöhen dieses 1957 von Anwohnern angelegten Parks führt, dann werden die Farne mit einem Mal dichter, die Vegetation feuchter und die Atmosphäre drückender – friedlich und gespenstisch zugleich. In diesem Teil der Gardens wächst nämlich eine Sammlung von Cycadeen, auch Palmfarne genannt. Dabei handelt es sich um altertümliche Pflanzen, die wie ein Zwischending aus Palmen und Nadelbäumen aussehen und schon vor 200 Millionen Jahren in der Jurazeit wuchsen, als dieses Fleckchen Erde erst von Dinosauriern und später dann von Mammuts und Säbelzahntigern bevölkert wurde. Baumfarne, Ginkgos und Mammutbäume vervollständigen diesen „Ancient Forest" genannten Wald, der 2015 eingeweiht wurde. Die Cycadeen-Sammlung war übrigens ein Geschenk von Katia und Frederick Elsea, die in La Cañada Flintridge wohnen – einer Ortschaft am Fuße der Berge des Angeles National Forest, wo sich auch die Descanso Gardens befinden.

Die Gärten erhalten regelmäßig Anrufe von Leuten, die hier ihre Pflanzen loswerden möchten. Trotzdem kommt es nicht allzu oft vor, dass sich so seltene Gewächse, von denen manche Exemplare schon nicht mehr in der freien Natur existieren, unter ein und demselben schützenden Dach wiederfinden. Einigen Paläobotanikern zufolge sind die Cycadeen erstmals im Paläozoikum aufgetreten – bzw. genauer gesagt im Karbon, vor 354 bis 323 Millionen Jahren. Dank einer Technik, durch die die Pflanzenembryonen im Falle eines starken Klimawandels in einen inaktiven Zustand versetzt werden, können die Palmfarne, die keine Blüten besitzen, jahrtausendelang „überwintern". Sie erwachen erst wieder, wenn das Klima milder geworden ist. Inmitten dieses Naturlabors aus uralten Bäumen fühlt man sich unbedeutend und klein – und staunt über die Kämpfernatur dieser aus verschiedenen Kontinenten (Afrika, Asien, Amerika und Ozeanien) stammenden Pflanzen. Anschließend kann man den Spaziergang noch in den traditionelleren Teilen der Descanso Gardens fortsetzen – die unter anderem aus einem Rosarium, einem Japanischen Garten, einer Kameliensammlung, einem Eichenwald, einheimischen kalifornischen Pflanzen und einem Garten mit essbaren Blumen bestehen.

DAS MOUNT-WILSON-OBSERVATORIUM

(18)

Legendäre Teleskope

Mount Wilson Road, Angeles National Forest
mtwilson.edu – (+1) 626-440-9016
Von April bis November tgl. von 10–17 Uhr, von Dezember bis März von 10–16 Uhr
Öffnungszeiten des Cafés: bis einschließlich September samstags & sonntags von 10–17 Uhr und von Ende September bis November von 10–16 Uhr (an Thanksgiving, Weihnachten und am 1. Januar geschlossen)
Führungen samstags & sonntags um 11.30 und 13.00 Uhr (bis Mitte November)
Observationen am Teleskop nur nach Vereinbarung

Auch wenn das Griffith-Observatorium zu den Orten in Los Angeles gehört, die man unbedingt gesehen haben sollte, kann einen der Touristenrummel dort manchmal ein wenig überfordern. Das viel intimere, auf einer Höhe von 1742 m gelegene Mount-Wilson-Observatorium im Norden Pasadenas ist daher die ideale Alternative für Sternenhimmelfans. Da es abseits der Millionenmetropole liegt, profitiert es von atmosphärischen Bedingungen, die für astronomische Beobachtungen sehr viel günstiger sind.

Der amerikanische Astronom Edwin Hubble hat hier 1929 das Phänomen der Expansion des Universums, sprich das sogenannte „Hubble-Lemaître-Gesetz" entdeckt (dem Georges Lemaîtres Big-Bang-Theorie vorausgegangen war). Darüber hinaus beherbergt das 1904 von George Ellery Hale gegründete Observatorium auch das berühmte Hooker-Teleskop, das mit seinen 2,5 Metern Durchmesser viele Jahre lang das größte Spiegelteleskop der Welt war. Vor Hubble hatte schon der Astronom Harlow Shapley auf dem Mount Wilson geforscht. Ihm verdanken wir den Nachweis, dass die Sonne nicht im Zentrum der Milchstraße steht, wie man auch auf der Website nachlesen kann. Dort finden sich viele spannende Informationen – genauso wie im Observatorium selbst, unter dessen Kuppel regelmäßig Vorträge, thematische Führungen und sogar klassische Konzerte stattfinden.

Ein französischer Käselaib im Weltall

SpaceX, Rocket Road, 90250 Hawthorne
(+1) 310-363-6000; spacex.com
Besuche auf dem Gelände sind nur in Begleitung eines SpaceX-Mitarbeiters gestattet

Im Jahr 2010 wurde ein Laib Brouère-Käse aus den Vogesen zur Legende, nachdem er als geheimer „Passagier" zweimal die Erde umrundet hatte – während eines Testflugs des Raumfrachters *Dragon* des US-amerikanischen Raumfahrtsunternehmens SpaceX. „Wenn Sie die Monty Pythons mögen, dann werden Sie auch unser Geheimnis mögen", hatte der Geschäftsführer der Firma, Elon Musk, erklärt und anschließend zugegeben, von einem Sketch mit John Cleese inspiriert worden zu sein. Cleese betritt darin einen Käseladen und zählt alle nur denkbaren Käsesorten auf. Seit seiner Weltraumreise ist der Käselaib (auf dessen Deckel übrigens eine Kuh mit Gummistiefeln abgebildet ist, die vom Poster des Films *Top Secret!* (1984) stammt) in der Unternehmenszentrale von SpaceX ausgestellt. Nur die Angestellten dürfen ihn dort tagtäglich bestaunen. Um Zugang zur Firmenzentrale zu bekommen, müssen Sie mit einem dieser Mitarbeiter in Kontakt stehen.

„BRIDGE-TO-NOWHERE"-WANDERUNG

19

Eine Brücke, die nach nirgendwo führt

Camp Bonita Road
San Gabriel Mountains National Monument, Azusa
Jederzeit zugänglich

Zum Leben in Los Angeles gehört Hiken einfach dazu. Daher ist es auch kein Wunder, dass Einheimische und Touristen sich nicht damit begnügen, am Wochenende kreuz und quer durch die Parks der Stadt zu streifen.

Während viele Leute auf den Wegen im Griffith Park anzutreffen sind oder im Runyon Canyon mit Stars im Leggings-Outfit auf Tuchfühlung gehen, laufen andere lieber abseits der ausgetretenen Pfade. Beispielsweise stellt die noch nicht so bekannte und ziemlich anspruchsvolle, aber bei einigen durchtrainierten Angelenos sehr beliebte „Bridge-to-Nowhere"-Wanderung eine Alternative im Nordosten der Stadt dar. Auf einer Strecke von fast 15 Kilometern (hin und zurück), mit einer Höhendifferenz von 270 Metern, kommen die Wanderer durch verschiedene Landschaften – von Waldgebieten bis hin zur Canyonschlucht –, ehe sie das Highlight der Tour erreichen: die berühmte „Brücke nach nirgendwo".

Für diese etwa sechsstündige Wanderung benötigen Sie gutes Schuhwerk, Sonnenschutz und eine kostenlose Genehmigung, die Sie sich an der East Fork Ranger Station oder am Heaton Flats Trail Canyon abholen können. An mehreren Stellen auf der Strecke müssen die Wanderer den San Gabriel River überqueren, indem sie über Baumstämme balancieren oder von einem Felsbrocken zum nächsten springen. Da ein Weg am Fluss entlangführt, kann man je nach Wasserstand auch Picknick- oder Badepausen einlegen. Und noch eine Möglichkeit: ein idyllischerer Pfad auf den Anhöhen, wo man Sukkulenten, Yuccapalmen und Wildblumen beobachten kann. Denn alle Wege – und es gibt einige davon – führen zur „Bridge to Nowhere".

Der Name dieser Brücke ist selbsterklärend – denn sie führt buchstäblich ins Nirgendwo. Die 1936 errichtete Bogenbrücke war Teil eines Projekts, das Azusa, eine Stadt im Los Angeles County, über die San Gabriel Mountains mit dem in 1808 Meter Höhe gelegenen kleinen Ort Wrightwood verbinden sollte. Doch 1938 zerstörte eine Überschwemmung die Verbindungsstraßen und verschonte allein die Brücke. Wegen fehlender Finanzmittel wurden die Straßen hinterher nie wieder aufgebaut.

Am Ende der Strecke entdecken die Wanderer dann die Überreste der besagten East Fork Road. Die vom Verkehr befreite Brücke ist außerdem zu einem beliebten Ziel für Bungee-Fans geworden (nur am Wochenende) – denn die „Bridge to Nowhere" ist der einzige Ort dieser Art in ganz Kalifornien.

DAS MOUNT-BALDY-KLOSTER

Das Zen-Zentrum, in dem Leonard Cohen zum buddhistischen Mönch wurde

Mount Baldy Zen Center (MBZC)
7901 Mount Baldy Road, Mount Baldy
(+1) 909-985-6410 – mbzc.org

Im äußersten Osten des Los Angeles County, direkt an der Grenze zum San Bernardino County, thront der Mount Baldy inmitten der Tannen des Angeles National Forest. Bevor wir das Mt. Baldy Resort erreichen – eine Skistation auf diesem kahlen, baumarmen Berg –, stoßen wir auf eine Reihe bemerkenswerter Wanderwege. In der Nähe liegt auch die berühmte „Bridge to Nowhere", eine Brücke, die nach nirgendwo führt (siehe Seite 202).

Darüber hinaus beherbergt dieser geheimnisvolle Berg auch noch das Mount Baldy Zen Center (MBZC) – ein Kloster, in dem man den Rinzai-Buddhismus praktizieren kann (eine der drei Schulen des Zen-Buddhismus). Die aus kleinen Holzhütten bestehende Anlage war ursprünglich ein Pfadfinder-Camp. Sie wurde 1971 von Kyozan Joshu Sasaki, einem 1907 geborenen japanischen Zenmeister *(Rōshi)*, gekauft und ist heute der Haupttempel der Region.

Das Kloster, das lange Jahre kaum Beachtung fand, rückte in den Blick der Öffentlichkeit, als sich der kanadische Sänger und Dichter Leonard Cohen nach mehreren Kurzaufenthalten 1993 für ein sechsjähriges Retreat dorthin zurückzog. Während dieser Zeit wurde er auch zum

Mönch ordiniert. „Wenn man aufhört, permanent über sich selbst nachzudenken, stellt sich ein gewisses Gefühl der Ruhe ein", erklärte er damals und bekannte auch, diesen Schritt erst gewagt zu haben, nachdem er sich 30 Jahre seines Lebens mit dem Zen-Buddhismus beschäftigt hatte. Unter dem Namen Jikan kochte und putzte der Künstler – und er meditierte schweigend. Um drei Uhr morgens aufzustehen, um die Toiletten des Zentrums zu reinigen oder den Schnee vor den Türen wegzuschaufeln, gehörte ebenfalls zu seinem Programm.

Da Cohen unter chronischen Depressionen litt, verließ er das Zentrum 1999 schließlich wieder. Doch seine Alben waren weiter von einer jüdischen Spiritualität geprägt, die um das Thema Tod kreiste. Einige Wochen vor seinem Ableben im November 2016 erklärte er übrigens in einem Interview der Zeitung *The New Yorker*, dass er damals nicht auf der Suche nach einer neuen Religion gewesen sei – sondern eher nach „einer Form der Disziplin, einem Weg zur Abhärtung, einer Art Selbsterforschung".

Als er die strengen Winter im Zen-Zentrum beschrieb, sagte er: „Die Leute meinen immer, ein Kloster wäre ein Ort der Ruhe und der Besinnung, aber das stimmt nicht. Es ist eher ein Krankenhaus, in das die Leute kommen, um sprechen und laufen zu lernen (…), und in dem es als völlig deplatziert gilt, über sein Leid zu klagen." Eine Lektion im Leben, die ihn bis an sein Lebensende begleiten sollte.

Heutzutage haben sich die Konditionen zwar ein wenig verbessert, doch das Zentrum ist immer noch kein Urlaubscamp: Die Regeln der buddhistischen Rinzai-Lehre werden weiterhin strikt befolgt (und während der Retreats steht man immer noch um drei Uhr morgens auf).

© LinSu Hill de Whittier

DIE RUINEN DER SOZIALISTEN-KOLONIE LLANO DEL RIO

(21)

Eine Gemeinschaftsutopie in einer unwirtlichen Wüste

Llano
(+1) 916-445-7000 – ldrg.wordpress.com – Gelände jederzeit zugänglich

Im Norden des Angeles National Forest, an der Straße, die von Santa Clarita nach Las Vegas führt, taucht etwa 30 Kilometer südöstlich von Palmdale eine unerwartete Ansammlung von steinernen Kaminen auf. Sie sind umgeben von einigen Mauerresten, an denen der Zahn der Zeit genagt hat und die die Umrisse eines Dorfs nachzeichnen.

Zuerst denkt man an ein altes, verlassenes Hotel oder eine Art Geisterstadt, aus der die letzten Bewohner eines schönen Morgens ganz plötzlich geflüchtet sind, aus Angst vor diesem trockenen, unwirtlichen Klima – doch in Wahrheit beherbergte diese Einöde einige Jahre lang eine der erstaunlichsten (und kürzesten) Utopien des 20. Jahrhunderts.

Man stelle es sich so vor: Vor mehr als hundert Jahren lebten hier bis zu 1.500 Personen unter kärglichen Bedingungen, zunächst in 200 Zelten, dann in Baracken, die aus den vor Ort gefundenen Steinen gebaut wurden. Sie standen um ein Gemeinschaftszentrum herum, dessen stattliche Feuerstellen heute die letzten Überreste sind. Auf Betreiben von Job Harriman, dem mehrfach erfolglosen sozialistischen Kandidaten für das Amt des kalifornischen Gouverneurs und des Bürgermeisters von Los Angeles, zogen ab 1914 Hunderte von Familien in diese wüstenartige Gegend (in der es aber eine nahe gelegene Wasserstelle gab) – mit der Idee im Gepäck, eine Kommune zu gründen, die die Grundsätze des Teilens und der Solidarität beherzigen würde.

Jeder angehende Bewohner erwarb eine kleine Parzelle und musste im Gegenzug eine gemeinschaftsorientierte Arbeit verrichten. „Wir werden eine Stadt und Häuser für viele obdachlose Familien bauen“, versprach Job Harriman. „Wir werden der Welt zeigen, dass es möglich ist, ohne Krieg, ohne Gier, ohne Miete und ohne Profit zu leben.“

Dank eines befreundeten Bankiers und neugieriger Touristen hielt sich Harrimans sozialistischer (oder kommunistischer) Traum ein Jahr lang einigermaßen über Wasser. Doch die Mitgliederversammlungen, die dieses idealistische Kollektiv lenken sollten, mutierten schon bald zu einer Abrechnung mit dem allwissenden „Patriarchen“: Benachbarte Bauern begannen, sich über die intensive Nutzung der einzigen Wasserquelle zu beschweren, und die lokale Presse sympathisierte auch nicht sonderlich mit dem Projekt. Das harte Leben und der spartanische Komfort taten ein Übrigens: Von 1915 an verließen etwa die Hälfte der Familien verärgert die „Ranch“. Einige von ihnen verklagten Harriman sogar.

Die andere Hälfte der Unbeirrbaren schaffte es jedoch, bis 1917 eine relativ ausgewogene Mini-Gemeinschaft in Form eines autonomen Dorfes aufzubauen. Vom Lebensmittelladen bis zur Wäscherei, von der Seifenfabrik bis zur Bibliothek, von der Krankenstation über die Tischlerei bis hin zur Schule (in der nach der Maria-Montessori-Methode unterrichtet wurde) waren alle Berufsgruppen vertreten. Sogar der Schriftsteller Aldous Huxley, der Autor von *Schöne neue Welt*, stattete der benachbarten Kommune einen Besuch ab und schrieb einen lobenden Artikel über sie.

Doch auch diese zweite Hochphase war nur von kurzer Dauer. Da der Zugang zum blauen Gold in diesem Teil der Erde der entscheidende Faktor ist, war die Weigerung der kalifornischen Behörden, den Bau eines Staudamms zu genehmigen (um das Wasser zu speichern und auf diese Weise gute Ernten zu gewährleisten) der Todesstoß für Job Harrimans Utopie. Er zog am Ende nach Louisiana und überließ die letzten Bewohner ihrem traurigen Schicksal – die ebenfalls nicht mehr lange ausharrten: Anfang 1918 waren alle auf und davon.

Der Süden von Los Angeles

Pico Rivera
Hacienda Heights
Slauson Avenue
East Florence Ave.
Firestone Blvd
Alameda Street
Downey
Whittier
Telegraph Road
Mulberry Dr.
Rowland Heights
Lynwood
Imperial Highway
Norwalk
La Habra
Brea
East Imperial Highway
Orange Freeway
Paramount
Bellflower
La Miranda
Fullerton
Long Beach Freeway
Artesia Freeway
Placentia
Lakewood
La Palma
Santa Ana Freeway
Anaheim
Carson Street
Lincoln Avenue
Valley West Street
Long Beach Blvd
Signal Hill
Cypress
Los Alamitos
Katella Avenue
Chapman Avenue
Orange
Garden Grove
Garden Grove Freeway
LONG BEACH
Seal Beach
Bolsa Chica Rd
Westminster
Santa Ana
San Diego Freeway
Edinger Ave.
Sunset Beach
Warner Avenue
Warnor Ave.
Costa Mesa Freeway
Huntington Beach

DAS VINELAND DRIVE-IN THEATER ①

Nostalgie à la L.A.

443 N. Vineland Ave – City of Industry
(+1) 626-961-9262
feedback@vinelanddriveintheater.com – vinelanddriveintheater.com
Sieben Tage die Woche geöffnet, Einlass um 19 Uhr, Beginn des Films bei Einbruch der Dunkelheit

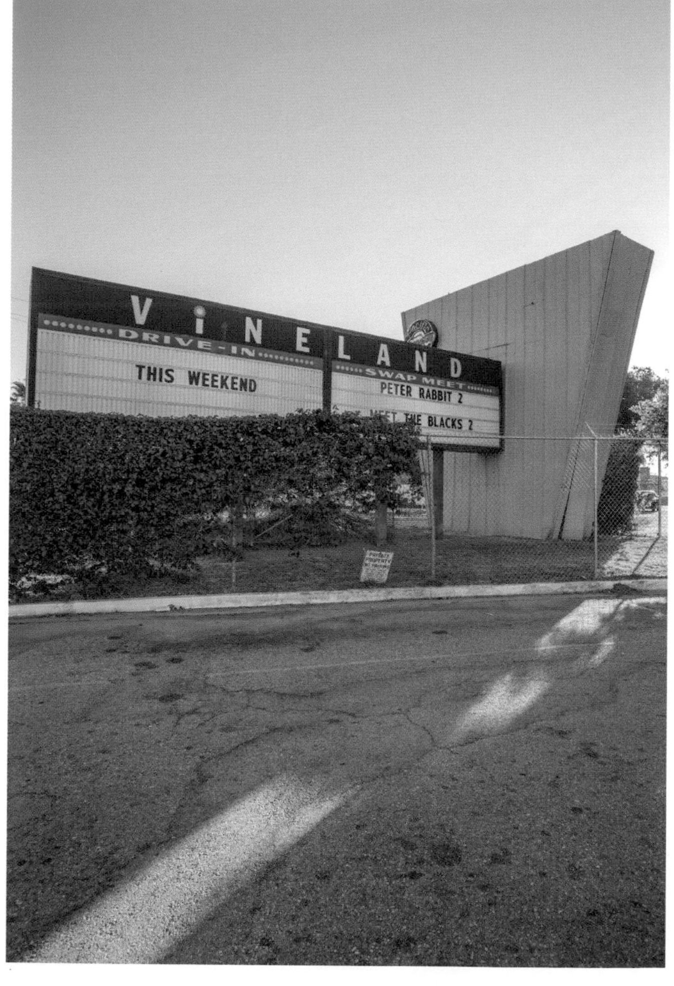

Die City of Industry ist ein großes Industrie- und Gewerbegebiet, das als städtischer Knotenpunkt dient und keinen besonderen Charme besitzt. Nichtsdestotrotz findet man hier das Vineland Theater – eines der wenigen noch verbliebenen Autokinos im Süden Kaliforniens.

Es wurde am 15. April 1955 in Betrieb genommen und hat diverse Epochen und Moden der Filmgeschichte überdauert. Juan Gonzales, der Leiter des Kinos, und sein Team bleiben standhaft und haben es geschafft, die vier Leinwände dieses großen Kino-Komplexes zu erhalten. Im Laufe der Zeit hat sich natürlich vieles verändert. Doch das Kinoerlebnis bleibt im Wesentlichen das gleiche wie vor mehr als 60 Jahren, als das Drive-in-Theater zum ersten Mal seine Pforten öffnete. Die Lautsprecher, die damals die Fahrzeuge beschallten, sind aber zum Glück verschwunden: Heute wird der Ton übers Radio übertragen (auf der Frequenz FM 107,7). So trägt jedes beliebige Autoradio zum Kinoerlebnis bei – das sowohl ein individuelles als auch ein kollektives Vergnügen ist.

Los Angeles ist von einer gewissen Nostalgie geprägt, die sich manchmal in einer Vorliebe für große, chromblitzende Autos, Miniburger in Drive-in-Restaurants und Milchshakes mit Erdbeergeschmack äußert. In einer Epoche, in der die Kultur des allmächtigen Autos in L.A. auf dem Rückzug ist, stellt sich mehr denn je die Frage, ob diese Vorliebe noch zeitgemäß ist. Doch das Auto stand schon immer im Zentrum vieler Traditionen in der Stadt. Das Open-Air-Kino ist übrigens einer der wenigen Orte der Interaktion, bei der die menschliche Erfahrung fast noch wichtiger ist als der Film selbst.

Als die Ankündigung von der Kinoindustrie kam, die analogen 35-mm-Filmkopien komplett durch Digitaltechnik zu ersetzen, traf diese Nachricht viele Freilichtkinos wie ein Schlag. Bei einem Preis von 80.000 Dollar pro Digitalprojektor schien das Aus für das Vineland Theater unvermeidlich. Zum Glück hat das Geld am Ende aber doch noch gereicht und das Kino wurde im Juni 2013 modernisiert. Vielleicht zum ersten Mal in seiner Geschichte waren alle vier Filmvorführungen gleichzeitig ausverkauft. Die Tradition, sich von der Magie der Kinokunst verzaubern zu lassen, während man im Auto sitzt und den Sternenhimmel über sich sieht, wird hier nun für zehn Dollar pro Person fortgeführt. Bevor Sie sich diesem Ritual mit dem etwas altmodischen Charme hingeben, laden Sie doch auch Ihre Familie oder Freunde dazu ein, sich mit Ihnen unter die Decke zu kuscheln und Popcorn zu knabbern. Und noch ein Tipp: Samstagsabends kann man hier zwei Filme zum Preis von einem sehen.

DIE HAZEL-WRIGHT-ORGEL IN DER KRISTALLKATHEDRALE

②

Ein einzigartiges Instrument in einem beeindruckenden Gebäude

Christ Cathedral – 13280 Chapman Avenue, Garden Grove
(+1) 714-971-2141 – christcathedralcalifornia.org
Führungen durch die Kathedrale montags bis donnerstags um 13 und 14 Uhr

Streng genommen befindet sich diese außergewöhnliche „Mega-Kathedrale“ mit ihrer großartigen Orgel gar nicht in Los Angeles und auch nicht im gleichnamigen County, sondern weiter südlich in Garden Grove im Orange County.

Die Crystal Cathedral war ursprünglich das Kirchengebäude einer Megachurch, die dem in den 1980er-Jahren sehr populären Fernsehprediger Robert Schuller gehörte. 2011 wurde sie dann von der römisch-katholischen Kirche gekauft, die sie renovierte und im Juli 2019 unter dem Namen Christ Cathedral wiedereröffnete. Ein 500 Kilogramm schweres Metallkreuz, ein Altar aus Carrara-Marmor und verspiegelte Glasscheiben machen die Kathedrale nun innen wie außen zu einem prachtvollen Bauwerk. Jeden Samstag und Sonntag werden hier Messen auf Englisch, Spanisch, Vietnamesisch und Chinesisch gehalten.

Bei der Renovierung traf man die weise Entscheidung, sich nicht mit einer zu modernen Orgel zu schmücken: Im Herzen dieser ungewöhnlichen Kathedrale befindet sich nämlich die Hazel-Wright-Orgel, eine der beeindruckendsten Orgeln der Welt, die die Hauptattraktion der Kirche ist. Das von der italienischen Orgelbaufirma Fratelli Ruffatti entworfene Instrument, das hier 1977 installiert wurde, umfasst 160.00 Pfeifen und 270 Pfeifenreihen. Es wird vom größten Spieltisch aus gesteuert, der jemals gebaut worden ist.

Anlässlich der Neugestaltung der Kathedrale wurde die Orgel zur Reparatur nach Italien geschickt. Vier Jahre später kehrte sie an ihren eigentlichen Standort zurück, wo der Wiedereinbau des Orgelwerks mehr als ein Jahr in Anspruch nahm. „Die Pfeifen waren von Termiten und Insekten befallen“, berichtete John Romeri, der Organist der Diözese, vor einiger Zeit der Presse. „Die einst wunderbaren Trompeten waren zerfressen. Einige Pfeifen waren wegen der Hitze geschmolzen und in sich zusammengesackt.“ Von nun an befindet sich die Orgel in einem erdbebensicheren, klimatisierten Gebäude, in dem auch die Luftfeuchtigkeit kontrolliert wird. Die treibende Kraft hinter der Orgel war Arvella Schuller gewesen, die Frau des medialen Superpredigers. Sie hatte damals darauf bestanden, in der Kirche ein spektakuläres Instrument zu installieren, das bei den wöchentlichen Fernsehübertragungen zu sehen sein würde. Der Organist Virgil Fox und Fratelli Ruffatti hatten daraufhin zwei Orgeln miteinander kombiniert: ein Instrument aus New York und eine andere, ebenso imposante Orgel, die in der Kirche in Garden Grove bereits im Einsatz war.

Diese Zusammenführung war seinerzeit durch eine Zwei-Millionen-Dollar-Spende von Hazel Wright ermöglicht worden – einer Wohltäterin aus Chicago, die ein großer Fan von *Hour of Power* war, dem wöchentlich gesendeten, einstündigen Fernsehgottesdienst aus der Crystal Cathedral. Seitdem trägt die Orgel ihren Namen.

DER KREISFÖRMIGE RIVO-ALTO-KANAL

③

Kalifornischer Chic und italienischer Einfluss

Naples Island, Long Beach
californiabeaches.com/naples-california

Die Venice Canals direkt hinter dem berühmten gleichnamigen Strand gehören inzwischen zu den beliebtesten Zielen der Touristen – wobei manche Venice-Besucher die Kanäle nur ganz zufällig entdecken, wenn sie sich von der geschäftigen Strandpromenade zum hippen Abbot Kinney Boulevard begeben (der nach dem Erbauer dieses Küstenabschnitts benannt ist). Doch 55 Kilometer weiter südlich, an der Küste entlang in Richtung Hafen von Long Beach, gibt es noch ein besser erhaltenes Schmuckstück – das wahrscheinlich den Wettbewerb um die schönste Postkarte gewinnen würde, die das Leben in Südkalifornien preisen soll.

Der Stadtteil Naples, der auf drei kleinen Inseln in der Alamitos Bay erbaut wurde und östlich des charmanten Viertels Belmont Shore liegt, beherbergt nämlich den kreisförmigen, sehr idyllischen Rivo-Alto-Kanal – an dessen Ufern die schicksten Residenzen der Region zu finden sind. Sie sind von einem Mini-Strand umgeben, der unglaublich friedlich und fotogen ist.

Hier reihen sich Häuser verschiedener Architekturstile und Straßen mit italienisch klingenden Namen aneinander. Das ganze Viertel zeichnet sich durch „Luxus, Ruhe und Genuss" aus (denn wer auf dieser Insel wohnen möchte, braucht ein solides Bankkonto).

Ganz im Osten von Naples Island, vom Naples Plaza Park aus, hat man eine atemberaubende Sicht auf die Halbinsel und den Jachthafen gegenüber. Die dahinterliegende Flussmündung, die Long Beach und Seal Beach voneinander trennt, markiert auch die Grenze zwischen dem Los Angeles und dem Orange County.

Dieser Traum des Bauunternehmers Arthur M. Parsons entstand von 1903 an auf einem Sumpfgebiet in der künstlichen Alamitos-Bucht an der Mündung des San Gabriel River. Das Projekt, das 1920 fertiggestellt wurde, musste nach dem Long-Beach-Erdbeben von 1933 erneut aufgebaut werden. In dem Wunsch, ein perfektes kalifornisches Mini-Venedig zu erschaffen, bietet ein Unternehmen heute auch Gondel-Fahrten wie in Italien (teils mit Pizza und Pasta) an – einschließlich gestreifter T-Shirts und Gondolieri. Von Letzteren gibt es aber nicht allzu viele hier, und sie werden Sie auf Ihrem Spaziergang durch dieses herrliche Viertel, in das sich nur wenige Touristen verirren, nicht weiter stören.

Darüber hinaus kann man den Rivo-Alto-Kanal – im Gegensatz zu den Wasserstraßen in Venedig – auch im Kajak oder per Stehpaddel-Board erkunden und hier sogar ein Bad nehmen. Ein Juwel der Ruhe.

DIE FREI LEBENDEN BISONS VON CATALINA ISLAND

④

Eine Herde von Statisten

(+1) 310-510-1445 – catalinaconservancy.org
Ganzjährig zugänglich
Die Fähre Catalina Express pendelt mehrmals täglich von Long Beach aus, einmal am Tag von Dana Point aus und von Freitag bis Montag zweimal täglich von San Pedro aus
Erwachsene zahlen hin und zurück 83,50 Dollar, Kinder bis 11 Jahre 68 Dollar
Tipp: Planen Sie eine Übernachtung vor Ort ein (in einem der Hotels in Avalon)

Die Geschichte der 150 Bisons, die friedlich auf der Insel (Santa) Catalina Island grasen, hat das Zeug zu einem Drehbuch, wie es nur die verrückte amerikanische Filmindustrie zu schreiben vermag.

Die Tiere, die ein Mix aus Wild- und Hausrindern sind, wurden 1924 von Hollywood hierher verschifft, um … als Statisten zu fungieren. Die einzigen endemischen Tierarten auf dieser etwa 35 Kilometer südwestlich von San Pedro gelegenen Insel sind nämlich Mäuse, Eichhörnchen, Füchse, Vögel und einige wirbellose Arten. Deshalb wurden die Bisons eigens für den Dreh von George B. Seitz' Stummfilmwestern *The Vanishing American* (von dem in den 1950er-Jahren ein Remake mit Scott Brady herauskam) nach Catalina Island „importiert". Die Ironie an der Sache aber ist: Am Ende war in dem besagten Film kein einziger Bison zu sehen, denn die Szenen mit den Tieren wurden herausgeschnitten.

Fast 100 Jahre später leben die Bisons frei auf der Insel, und sie sind zu einer großen Touristenattraktion geworden, wenn nicht gar zu Catalinas Aushängeschild. Die hiesige Naturschutzstiftung, die *Catalina Island Conservancy*, kümmert sich seit 1972 um die Herde. Sie reguliert deren Population und liefert Informationen zum Wohl der Tiere und deren Bedeutung für die Insel. Außerdem bietet sie für Touristen geführte „Eco Tours" an (Privatfahrzeuge sind auf Catalina Island verboten). Denn das Geheimnis wird gut gehütet: Dieses streng überwachte Naturschutzreservat empfängt jedes Jahr nur eine relativ begrenzte Besucherzahl.

Und warum 150 Bisons? Weil dies exakt die Anzahl der Tiere ist, die die Insel problemlos beherbergen kann, ohne dass die heimische Fauna und Flora Schaden nimmt. 2009 wurde daher ein Empfängnisverhütungsprogramm eingeführt, sodass die Geburten nun kontrolliert werden. Wenn Sie Glück haben, können Sie bei Ihrem Besuch vielleicht ein neugeborenes Bisonkalb an der Seite seiner Mutter herumtollen sehen – auf einem unvergesslichen Spaziergang weit, weit weg vom Trubel der Großstadt.

RELIKTE DER „SCHLACHT UM LOS ANGELES“ ⑤

Eine gewagte Offensive im Zweiten Weltkrieg

Angels Gate Park – 3601 S. Gaffey Street, San Pedro
Von Sonnenaufgang bis -untergang

Wenn sich Urban Explorer an den Rand der Steilhänge des Angels Gate Parks wagen und nach unten schauen, erwartet sie ein

seltsamer Anblick: Betonstufen führen hinab zu einem halbkreisförmigen Bauwerk, das an ein Amphitheater erinnert. Hierbei handelt es sich um die Überreste der Osgood-Farley-Batterie, die hier von 1916 bis 1919 errichtet wurde, um den Hafen von Los Angeles und das Fort MacArthur zu verteidigen. Ihre wuchtigen, versenkbaren 35-Zentimeter-Kanonen waren in der Lage, ein 700 Kilogramm schweres Geschoss mehr als 22 Kilometer weit in den Catalina-Kanal zu schießen. Doch ihre Geschützsalven ließen die Fenster der umliegenden Häuser erzittern und teils sogar zersplittern, was sich störender als alles andere erwies. Bei Anbruch des Zweiten Weltkriegs galten diese Kanonen bereits als veraltet.

Trotz der Ineffizienz der großen Kanonen blieb Angels Gate strategisch so wichtig, dass seine Artillerie während des Zweiten Weltkriegs verstärkt wurde. Um wichtige Standorte entlang der Küste zu sichern, wurden kleine Flakgeschütze aufgestellt. Da sie sich weitab der Schlachtfelder befanden, schwiegen sie aber die meiste Zeit – mit einer einzigen Ausnahme: In der Nacht vom 24. auf den 25. Februar 1942 schossen die Kanonen aus vollen Rohren. Während der sogenannten „Schlacht um Los Angeles“ wurden über 1.400 5,5 Kilo-Luftabwehrgranaten auf mehrere nicht identifizierte Objekte am Himmel abgefeuert.

Erst am Vortag hatte ein japanisches U-Boot das Ellwood-Ölfeld in Santa Barbara beschossen und die Westküste in Alarmstimmung versetzt. Leuchtende Punkte, die entlang der Küste am Himmel gesichtet worden waren, führten zur Verhängung einer Ausgangssperre. Als die Radare der Luftverteidigung dann gegen 3 Uhr morgens Flugobjekte ausmachten, eröffneten die Kanonen das Feuer mit einem solchen Getöse, dass es in der gesamten Umgebung von Los Angeles zu hören war. Doch obwohl Augenzeugen berichteten, sie hätten Flugzeuge gesehen, wurden weder Bomben auf die Stadt abgeworfen, noch fand man hinterher Spuren abgeschossener Flugzeuge. Die Frage blieb also, um welchen Feind es sich hier wohl gehandelt hatte. Das Rätsel um die am Himmel gesichteten Fluggeräte wurde jedoch nie ganz geklärt – auch wenn Dokumente, die im Nachhinein von zuverlässigeren Zeugen zusammengetragen wurden, auf ein plausibleres Szenario hindeuten: Wetterballons, die die Radarteams in Santa Monica zum Testen ihrer neuen Ausrüstung verwendet hatten, sollen vom Wind abgetrieben worden sein. Und die allgemeine „Kriegsnervosität“ hatte dann ein Übriges getan.

Diese völlig überzogene Reaktion in jener Nacht des Jahres 1942 wurde zum Gegenstand vieler Kritiken, Witze und Parodien, insbesondere in Steven Spielbergs schräger Filmkomödie 1941 – *Wo bitte geht's nach Hollywood*. Doch so lächerlich sie heute auch erscheinen mögen – während des Zweiten Weltkriegs waren Angst und Paranoia in Los Angeles ganz real. Im Süden zeugen alte, schwarz gestrichene Fensterscheiben und einige Betonbefestigungen entlang der Küste auch heute noch davon.

DIE „SUNKEN CITY" VON SAN PEDRO

⑥

Ein vom Meer verschlucktes Stadtviertel

500 West Paseo Del Mar, San Pedro

Ein Großteil der Pazifikküste im Los Angeles County, die sich von Malibu bis Long Beach erstreckt, grenzt an die riesige Bucht von Santa Monica.

An deren südlichem Ende, auf der Halbinsel Palos Verdes, liegen Point Vicente und Point Fermin (wo sich ein hübscher Leuchtturm befindet) sowie der Stadtteil San Pedro. Palos Verdes und San Pedro gehören wohl zu den charmantesten und authentischsten Ecken dieser Megacity – deren Rhythmus Besucher wie Einheimische manchmal ziemlich erschöpfen kann, vor allem, wenn sie im Stau stehen. Hier in San Pedro jedoch verläuft das Leben – trotz der Nähe zu einem der größten Häfen des Landes – ein wenig gemächlicher.

Nach einem Abstecher zum Leuchtturm und zur Korean Friendship Bell sollte man unbedingt noch an einem anderen Ort vorbeischauen. Letzterer wurde 1929 Zeuge eines Erdrutsches, der Häuser und Straßen mit sich riss. Inzwischen ist das Areal zu einer Pilgerstätte geworden – für romantisch veranlagte Teenager, Fans schöner Sonnenuntergangsfotos, Graffiti-Künstler mit einem Faible für Herausforderungen und zunehmend auch für Touristen, die sich als Urban Explorers (kurz: Urbexer) verstehen.

Der inoffizielle Name dieses Ortes lautet „Sunken City" („versunkene Stadt"). Genauer gesagt handelt es sich dabei um ein Stadtviertel, das der Ozean weggespült hat. Bungalows und andere Häuser am Rande der Klippen sowie Teile des Parks, die alle in den 1920er-Jahren entstanden, wären im Zeitlupentempo von 30 Zentimetern pro Tag verschwunden, wenn man sie nicht vorsorglich an einen anderen Ort verfrachtet hätte – fast 4.000 m², die das Meer verschluckt hat.

Zurückgeblieben sind nur ein paar eingestürzte Mauern – zwei Häuser, die nicht mehr rechtzeitig gerettet wurden –, Dächer, Teile des Bürgersteigs, Schienenreste und robuste Palmen, die man von der Straße aus bestaunen kann – nachdem die lokalen Behörden dort zum Schutz vor Unfällen einen Zaun errichtet haben. Neugierige Besucher klettern aber einfach darüber hinweg und riskieren eine Geldstrafe von 1.000 Dollar, wenn sie mit der Gefahr spielen und dieses Niemandsland genauer erkunden möchten.

Mehrere Petitionen mit dem Ziel, den Zugang zumindest tagsüber wieder vollständig zu ermöglichen und abends dann die Polizei patrouillieren zu lassen, wurden ins Leben gerufen – insbesondere seit die „versunkene Stadt", die sich streng genommen immer noch auf dem Gelände eines öffentlichen Parks befindet, in mehreren Werbespots, Filmen, Fernsehsendungen und Skater-Videos zu sehen war. Aufgrund von späten Partys und Übergriffen sowie Beschwerden von Anwohnern sah sich die Stadtverwaltung jedoch dazu veranlasst, den Zugang zu beschränken, bis eine dauerhafte Lösung gefunden ist.

DAS BAYRISCHE DORF IN TORRANCE

7

Ein Stück Deutschland in Südkalifornien

Alpine Village
833 West Torrance Boulevard, Torrance
(+1) 310-327-4384
alpinevillagecenter.com
Täglich von 10–18 Uhr geöffnet

Little Persia, Koreatown, Little Tokyo, Historic Filipinotown, Little Armenia ... In einem so bunt gemischten County wie dem von Los Angeles, in dem Minderheiten aus verschiedenen Ländern mit ihrer Kultur bestimmte Stadtviertel prägen, sind Märkte mit Spezialitäten aus aller Welt keine Seltenheit. Außer in Chinatown und Little Tokyo geht das Heimweh der Menschen jedoch nicht so weit, dass sie auch noch die architektonischen Besonderheiten ihrer Herkunftsländer nachbilden würden.

Ein deutsches Viertel im engeren Sinne gibt es in L.A. aber nicht – auch wenn nach Adolf Hitlers Machtergreifung im Jahr 1933 einige bekannte deutsche Persönlichkeiten nach Brentwood und Pacific Palisades zogen (Thomas Mann, Bertolt Brecht, Fritz Land etc.).

Doch immerhin sorgt seit 1968 ein ungewöhnlicher Ort in Torrance dafür, dass sich auch deutschsprachige und germanophile Menschen ihre Dosis Nostalgie holen können – und dies nicht nur beim Oktoberfest. Von leckeren Wurstspezialitäten über Pumpernickel, Brezeln, Hefezopf und andere Backwaren bis hin zu Schmuck und Souvenirs – der Alpine Market hat viele europäische Produkte im Angebot, die sonst nirgendwo zu finden sind.

Wir sind aber nicht zum Shoppen gekommen, sondern wegen der süddeutschen Kultur. Hier finden sich einige nette Beispiele alpiner Architektur – die allerdings in starkem Kontrast steht zur reizlosen Strip-Mall-Atmosphäre dieses Geländes ganz in der Nähe des Freeway 110.

Das Alpine Village, das an fast allen Tagen im Jahr geöffnet ist, bildet ein bayrisches Dorf mit Kirche und Häuschen mit typischen Fassaden nach, in denen kleine Läden den Besuchern eine Auswahl an importierten Produkten anbieten. Der Komplex, der nach einigen rückläufigen Jahren (Restaurant im April 2020 dauerhaft geschlossen, verkleinertes Oktoberfest 2019, eine schrumpfende und älter werdende Kundschaft) vom Abriss durch ein Immobilienentwicklungsunternehmen bedroht war, hat im Herbst 2020 vom Los Angeles County den Status als Historic Landmark erhalten.

DER FRIEDHOF ANGELES ABBEY MEMORIAL PARK ⑧

Eine Nachbildung der Taj-Mahal-Kuppel

1515 East Compton Boulevard, Compton
(+1) 310-631-1141 – Täglich von 8–16.30 Uhr

Die Unbestechlichen, Die Agentin, Constantine, Im Auftrag der Ehre … In den 1990er- und 2000er-Jahren verwendeten zahlreiche Hollywood-Filme und -Serien den Friedhof in Compton als Kulisse. Die Szenen, in denen er auftaucht, bilden aber nicht etwa das Leben in diesem sozial benachteiligten Vorort im Süden von Los Angeles ab. Vielmehr zeigen sie Straßen, die sich vorgeblich in Casablanca, Kairo, Kalkutta oder einem nicht näher definierten Ort befinden, der im Nahen Osten oder in Asien liegen soll.

Die Erklärung: Dank seiner großen Kuppel, die eine Nachbildung der Kuppel des Taj Mahal ist und 1923 vom kalifornischen Reeder George Craig in Auftrag gegeben wurde (der zwei seiner Mitarbeiter zur Inspiration nach Indien schickte), hat der Friedhof Angeles Abbey Memorial Park nichts mit einer traditionellen amerikanischen Begräbnisstätte gemein. Seine vier Mausoleen vermischen byzantinische, maurische und spanische Einflüsse mit dem Mogulstil der Krypten und der Kuppel, der typisch für den berühmten Palast von Agra ist und bei dem sich osmanische, iranische und indische Architekturelemente vereinen. Im Inneren ist der islamische Einfluss dank der gekachelten Gewölbe sogar noch deutlicher erkennbar.

Paradoxerweise befindet sich in einem der mit weißem Marmor verkleideten Mausoleen auch eine Kapelle, die mit einer alten, baufälligen Orgel ausgestattet ist – und deren Buntglasfenster eine Nachbildung von Jean-François Millets Gemälde *Das Angelusläuten* zeigen, das im Pariser Musée d'Orsay zu sehen ist. Ein derart heterogenes Ensemble kann problemlos als Kulisse für jedes Land der Welt dienen.

Wie David Reid uns in seinem sehr persönlichen Buch *Sex, Death and God in L.A.* in Erinnerung ruft, war es bis vor nicht allzu langer Zeit sehr schwierig für Afroamerikaner, einen geeigneten Ort zur Bestattung ihrer toten Angehörigen zu finden. „In einigen Stadtvierteln", so schreibt er, „gab es noch bis 1966 Gesetze, die diese Beerdigungen [auf den für Weiße reservierten Friedhöfen, Anm. d. Autors] verhinderten. Afroamerikanische Familien […] mussten die Särge damals in Straßenbahnen hieven und damit zum Evergreen-Friedhof im Osten der Stadt fahren."

Kurz nach der Eröffnung des Angeles-Abbey-Friedhofs im Jahr 1923 war Compton eine ländliche Gegend, in die vorwiegend weiße Familien zogen, um abseits des hektischen L.A.s und des Hafens von Long Beach zu wohnen. Doch danach warteten schwierige Zeiten auf die Stadt: Verarmung, das Aufkommen von Banden und Korruption veränderten sie nach und nach, und aus dem Wohnort für die damals vorwiegend schwarze Mittelschicht (in den 1960er- und 1970er-Jahren) wurde ein Ghetto mit zweifelhaftem Ruf und einer der höchsten Kriminalitätsraten der USA. Der traurige Höhepunkt dieser tragischen Geschichte: die Unruhen von 1992, die zwar nicht in Compton begannen, sich dort aber sehr schnell ausbreiteten.

DIE GEDENKTAFEL AM ELTERNHAUS DER *BEACH BOYS* ⑨

Ein Ort für „Good Vibrations"

Beach Boys Historic Landmark
3701 West 119th Street, Hawthorne

Südöstlich vom Flughafen LAX, eingezwängt zwischen den beiden Interstate Highways 405 und 105, liegt die Stadt Hawthorne. Sie ist nach dem gleichnamigen Schriftsteller benannt, der mit Vornamen Nathaniel hieß. Ihre Funktion als ruhiger Wohnort im Los Angeles County erfüllt sie perfekt und in ihrem Wappen trägt sie sogar den Wahlspruch *City of good neighbors* („Die Stadt der netten Nachbarn").

Hier, ganz in der Nähe des heutigen Century Freeways, wie die Interstate 105 noch genannt wird, wuchsen drei berühmte Musiker-Brüder auf: die Beach Boys. Sie haben nicht nur die Musikgeschichte revolutioniert. Ihr Aufstieg ist auch untrennbar mit dem Erfolg des Bundesstaates Kalifornien verbunden – über die Surfmusik, die Anfang der 1960er-Jahre sehr beliebt war.

Brian, Carl und Dennis Wilson lebten damals mit ihren Eltern in einem kleinen Häuschen in einer Wohnsiedlung, die inzwischen abgerissen wurde. Genau an dieser Stelle, ziemlich weit weg von den Stränden, die die drei Brüder bekannt machten, wurde ihnen zu Ehren ein Gedenkstein aufgestellt. Zusammen mit ihrem Cousin Mike Love und ihrem Schulfreund Al Jardine komponierten die blonden Jungs hier ihre ersten Singles, darunter *Surfin'* – und zwar zu einer Zeit, als ihre Alben noch voller Hymnen auf das süße Leben und die sich im Sand aalenden Mädchen waren. Später entwickelte Brian Wilson dann einen viel komplexeren, schillernderen Popstil.

Das Denkmal (eine aus roten Ziegeln und einer weißen Steintafel bestehende Nachbildung des Plattencovers von *Surfer Girl* aus dem Jahr 1963) wurde 2004 installiert, einige Jahrzehnte nachdem Bulldozer den Freeway errichtet hatten. Dank einer Abstimmung der California State Historic Resources Commision, die von der Rock and Roll Hall of Fame unterstützt wurde, war aus dem unscheinbaren Standort eine historische Stätte geworden, die dem Genie dieser einzigartigen Band gewidmet ist.

Am Tag der Einweihung des Gedenksteins waren sogar Brian Wilson und Al Jardine zugegen und gaben vor 800 begeisterten Fans zwei Songs zum Besten.

Der schlichte Ort befindet sich mitten in einem Wohngebiet, in dem Hunderte von Familien leben und es nur wenige Parkplätze gibt. Daher empfiehlt es sich, dem Denkmal nur einen kurzen und diskreten Besuch abzustatten.

DIE ORGEL DER OLD TOWN MUSIC HALL

⑩

Eine hundert Jahre alte Orgel, die zur musikalischen Untermalung von Stummfilmen dient

140 Richmond Street, El Segundo
(+1) 310-322-2592 – oldtownmusichall.org
Zu den Filmvorstellungen geöffnet, in der Regel samstags und sonntags um 14.30 und 19 Uhr – Komplettes Programm auf der Website einsehbar
Tickets nur vor Ort erhältlich

Eine echte Zeitreise beginnt, sobald man durch die Türen der Old Town Music Hall tritt. Sie liegt mitten im Stadtzentrum von El

Segundo, das an den Flughafen LAX angrenzt. Trotz seiner ruhigen Atmosphäre hat dieses charmante Viertel das eine oder andere zu bieten, wie etwa dieses urige Kino. Hinter dessen hellgrüner Fassade, die an einen renovierten Saloon erinnert, befindet sich ein altmodischer Vorraum. Er führt in ein kleines Filmtheater, das in Rottönen gehalten und mit riesigen Kronleuchtern wie in einem Western geschmückt ist.

Seit 1968 werden in diesem außergewöhnlichen Kinosaal nicht nur alte Stumm- und Tonfilmklassiker gezeigt, sondern auch Jazz- und Ragtime-Konzerte veranstaltet – dank einer riesigen, mit 2.600 Pfeifen ausgestatteten Orgel, die den Spitznamen „Mighty Wurlitzer" trägt. Sie wurde 1925 gebaut und ist das imposanteste Instrument, das jemals von der Rudolph Wurlitzer Company aus Cincinnati gefertigt wurde.

Das Lichtspieltheater bietet unter anderem Laurel-und-Hardy-Reihen an, sowie ein Festival mit Horrorklassikern (um Halloween herum) und Vorträge, zu denen Spezialisten für alte Animationsfilme eingeladen werden. Auch Fred-Astaire- und Three-Stooges-Retrospektiven stehen auf dem Programm, und die meisten Veranstaltungen werden live von einem Organisten begleitet.

Wenn es sich mal nicht um einen Stummfilm handelt, dann werden vor der Vorstellung ein paar Musikstücke gespielt. Und im Dezember findet rund um die Wurlitzer eine große Karaoke-Veranstaltung statt – mit den bekanntesten amerikanischen Weihnachtsliedern. Typischer und authentischer geht es kaum.

Das Team aus engagierten Ehrenamtlichen, das die Old Town Music Hall mittels eines gemeinnützigen Vereins betreibt, backt gelegentlich auch leckere Kokosmakronen, die an der Kasse anstelle des ewigen Popcorns verkauft werden. So können Sie diese besondere Zeitreise bis ins Letzte auskosten.

DAS VERLASSENE SURFRIDGE ⑪

Überreste einer Geisterstadt

Zwischen Vista del Mar und Pershing Drive – Flughafen LAX

Die Fluggäste des internationalen Flughafens LAX werden sie vermutlich schon bemerkt haben: die Überreste einer seit Langem verlassenen Wohnsiedlung, die im Nordwesten an die Startbahnen grenzt. Hierbei handelt es sich um das verwaiste Surfridge, das seit mehr als 40 Jahren eine Geisterstadt ist. Nur Betonruinen und einige Schilder und Laternen erinnern an das Leben, das sich hier einst abspielte. Es heißt, vor nicht allzu langer Zeit hätten die Straßenlaternen sogar noch geleuchtet.

Der Aufschwung der kommerziellen Luftfahrt nach 1945 und die Expansion des LAX in die umliegenden Stadtviertel waren der Grund, weswegen Surfridge am Ende aufgegeben wurde. Drei neue Startbahnen hatten zur Folge gehabt, dass die Maschinen nun direkt über den Häusern der Siedlung abflogen. Und da man den Flughafen noch stärker erweitern wollte, machte die Stadt Los Angeles von ihrem Enteignungsrecht Gebrauch und kaufte das Gebiet nach und nach auf. Auf diese Weise wurden von 1965 bis 1979 insgesamt 800 Häuser abgerissen und 2.000 Bewohner umgesiedelt.

Das Vermächtnis von Surfridge bleibt zwiespältig. Wegen des freien Blicks auf das Meer wohnten hier nur die reichsten Leute der Stadt, wie etwa der Regisseur Cecil B. DeMille. Für einige galt dieser Ort als

Paradies, als Symbol für die romantischen Ideale des kalifornischen Traums: Stuckhäuser im Kolonialstil und Palmen, die sich in der jodhaltigen Brise wiegen, nur einen Katzensprung vom Strand entfernt.

Für andere wiederum spiegelt das Viertel die segregationistische Vergangenheit der Stadt wider: Denn als Surfridge in den 1920er-Jahren gebaut wurde, war es nur der weißen Bevölkerung vorbehalten. Der Kaufvertrag für die Siedlung sah Restriktionen für Personen vor, die „nicht vollständig der weißen Rasse angehören, mit Ausnahme der Bediensteten der ansässigen Eigentümer". Und auch vor den Häusern machten die strengen Regeln nicht halt: Holz war verboten, für die Fassaden war ausschließlich Stuck erlaubt. Das „Ideal" des kalifornischen Lebens wurde also vor allem aus Vorschriften geboren.

Stadtverwaltung und Flughafen schlugen in den 1980er-Jahren verschiedene Projekte zur Sanierung vor, doch sie scheiterten alle an der California Coastal Commission. Der Zufall wollte es nämlich, dass Surfridge der Lebensraum des gefährdeten Schmetterlings El Segundo Blue ist. Dank des von der Stadt eingerichteten Schmetterlingsreservats hat sich die bedrohte Art inzwischen aber gut erholt und ist von 500 auf 125.000 Individuen angewachsen. Der besagten Küstenkommission ist es auch zu verdanken, dass 20 Hektar Land wieder in ihren natürlichen Zustand zurückversetzt werden konnten.

Die vor Kurzem abgerissenen Fußgängerwege und Straßen sowie die schrittweise Rückkehr von Salbei, Mohn und Dünengräsern machen Surfridge zum Symbol für den Sieg der Natur über die Immobilienbranche. In Los Angeles hat das Seltenheitswert.

Im September 1995 hielt sich Thomas Jonglez in der Stadt Peshawar auf. Sie liegt im Norden Pakistans, zwanzig Kilometer von der Stammeszone entfernt, die er ein paar Tage später besuchen wollte. Dort kam ihm der Gedanke, alle verborgenen Winkel seiner Heimatstadt Paris, die er wie seine Westentasche kannte, schriftlich festzuhalten. Auf seiner Heimreise von Beijing, die sieben Monate dauerte, durchquerte er Tibet (wo er heimlich, unter Decken in einem Nachtbus versteckt, einreiste), Iran und Kurdistan. Er reiste dabei nie im Flugzeug, sondern per Boot, Zug oder Bus, per Anhalter, mit dem Rad, dem Pferd oder zu Fuß und erreichte Paris gerade rechtzeitig, um mit seiner Familie Weihnachten feiern zu können.

Nach seiner Rückkehr verbrachte er zwei großartige Jahre damit, durch die Straßen von Paris zu streifen, um gemeinsam mit einem Freund seinen ersten Reiseführer über die verborgenen Orte seiner Stadt zu schreiben. Während der nächsten sieben Jahre arbeitete er im Stahlsektor, bis ihn seine Entdeckerleidenschaft wieder überfiel. 2003 gründete er Jonglez Verlag und zog drei Jahre später nach Venedig.

2013 verließ er mit seiner Familie Venedig auf der Suche nach neuen Abenteuern und unternahm eine sechsmonatige Reise nach Brasilien mit Zwischenstopps in Nordkorea, Mikronesien, auf den Salomon-Inseln, der Osterinsel, in Peru und Bolivien.

Nach sieben Jahren in Rio de Janeiro lebt er heute mit seiner Frau und seinen drei Kindern in Berlin.

Jonglez Verlag publiziert Titel in neun Sprachen und 40 Ländern.

DANKSAGUNG

Die Autoren bedanken sich bei allen Angelenos (seien es Freunde, Bekannte oder kurze, kostbare Begegnungen), die mit ihren hervorragenden Tipps zur Entstehung dieses Reiseführers beigetragen haben. Ein besonders herzliches Dankeschön geht an Sandra Cazenave für ihre Unterstützung.

TEXT- UND BILDNACHWEIS

Sofern nicht anders angegeben, stammen alle Texte und Fotos von Félicien Cassan und Darrow Carson. Weitere Mitwirkende:

Texte:
Zac Pennington: The *Triforium*, Music Box Steps, Museum of Jurrassic Technology
Sandra Cazenave: Spaziergang am Los Angeles River, Walt Disneys Scheune, „Bridge-to-Nowhere"-Wanderung
Albert Lopez: Vineland Drive-In Theater und Relikte der „Schlacht um Los Angeles"
Michelle Young: Das verlassene Surfridge

Fotos:
Zac Pennington: Triforium, Music Box Steps, Museum of Jurassic Technology (linkes Foto)
Mike Hume: Vergessene Details an der Fassade des Million Dollar Theater, Die Geheimnisse des Jackie- und Mack-Robinson-Denkmals, Relikte der „Schlacht um Los Angeles"
James Bartlett: Das Celluloid Monument
Sandra Cazenave: Spaziergang am Los Angeles River, Walt Disneys Scheune, „Bridge-to-Nowhere"-Wanderung
Catalina Island Conservancy: Die frei lebenden Bisons von Catalina Island
Michelle Young: Das verlassene Surfridge

Maps: Cyrille Suss – **Layout:** Emmanuelle Willard Toulemonde – **Übersetzung:** Jutta Schiborr – **Korrektorat:** Johanna Kling – **Lektorat:** Clemens Hoffman – **Herausgeberin:** Clémence Mathé

ATLAS

Atlas der geographischen Kuriositäten

BILDBÄNDE

Abandoned Asylums (auf Englisch)
Abandoned Australia (auf Englisch)
Abandoned France (auf Englisch)
Abandoned Lebanon (auf Englisch)
Abandoned Spain (auf Englisch)
After the Final Curtain – The Fall of the American Movie Theater (auf Englisch)
After the Final Curtain – America's Abandoned Theaters (auf Englisch)
Baikonur – Vestiges of the Soviet Space Programme (auf Englisch)
Chernobyl's Atomic Legacy (auf Englisch)
Forbidden Places – Exploring our Abandoned Heritage Vol. 1 (auf Englisch)
Forbidden Places – Exploring our Abandoned Heritage Vol. 2 (auf Englisch)
Forbidden Places – Exploring our Abandoned Heritage Vol. 3 (auf Englisch)
Forgotten Heritage (auf Englisch)
Stilles Venedig
Ungewöhnliche Hotels
Unusual Wines (auf Englisch)
Venedig aus der Luft
Verbotene Orte
Verlassenes Deutschland
Verlassenes Japan
Verlassene UdSSR
Verlassene USA
Verlassenes Italien
Verlassene Kirchen – Kultstätten im Verfall

VERBORGENES REISEFÜHRER

Verborgenes Bali
Verborgenes Bangkok
Verborgenes Berlin
Verborgene Dolomiten
Verborgenes Florenz
Verborgenes Genf
Verborgenes Hamburg
Verborgenes Istanbul
Verborgenes Kopenhagen
Verborgenes Korsika
Verborgenes Lissabon
Verborgenes London
Verborgenes Mailand
Verborgenes New York
Verborgenes Paris
Verborgene Provence
Verborgenes Rom
Verborgenes Sevilla
Verborgenes Singapur
Verborgene Toskana
Verborgenes Venedig
Verborgenes Wien

„SOUL OF"-REIHE

Soul of Amsterdam – 30 einzigartige Erlebnisse
Soul of Athen – 30 einzigartige Erlebnisse
Soul of Barcelona – 30 einzigartige Erlebnisse
Soul of Berlin – 30 einzigartige Erlebnisse
Soul of Kyoto – 30 einzigartige Erlebnisse
Soul of Lisbon – 30 einzigartige Erlebnisse
Soul of Marrakesch – 30 einzigartige Erlebnisse
Soul of New York – 30 einzigartige Erlebnisse
Soul of Rom – 30 einzigartige Erlebnisse
Soul of Tokio – 30 einzigartige Erlebnisse
Soul of Venedig – 30 einzigartige Erlebnisse

Folgen Sie uns auf Facebook, Instagram und Twitter

Gemäß geltender Rechtsprechung (Toulouse 14.01.1887) haftet der Verlag nicht für unbeabsichtigte Fehler oder Auslassungen, die in dem Reiseführer trotz größter Sorgfalt der Verlagsmitarbeiter möglicherweise vorhanden sind.
Jede Vervielfältigung dieses Buches oder von Teilen daraus ohne ausdrückliche Genehmigung des Verlages ist untersagt.

Pflichtexemplar: März 2023 - 1. Auflage
ISBN: 978-2-36195-621-9
Printed in Bulgarien bei Dedrax